U0650725

趋势交易

控制风险跑赢大盘的投资策略

[美] 迈克尔·W.卡沃尔
Michael W. Covel 著

谭浩 译

THE LITTLE BOOK
OF TRADING

世界图书出版公司
广州·北京·上海·西安

本书中文简体字版通过 Grand China Publishing House（中资出版社）授权世界图书出版广东有限公司在中国大陆地区出版并独家发行。未经出版者书面许可，本书的任何部分不得以任何方式抄袭、节录或翻印。

图书在版编目（CIP）数据

趋势交易 /（美）卡沃尔（Covel, M. W.）著；谭浩译 . —广州：
世界图书出版广东有限公司，2013.9（2020.9重印）

书名原文：The Little Book of Trading

ISBN 978-7-5100-6501-9

Ⅰ. ①趋… Ⅱ. ①卡… ②谭… Ⅲ. ①股票交易－基本知识 Ⅳ. ① F830.91

中国版本图书馆CIP数据核字（2013）第220677号

版权登记号 图字：19-2013-088

The Little Book of Trading(ISBN-9781118523902) by Michael W. Covel
Copyright © 2011 by Michael W. Covel
Simplified Chinese edition Copyright © 2013 by **Grand China Publishing House**
Authorized translation from the English language edition, published by John Wiley & Sons.
This edition arranged with John Wiley & Sons International Rights, Inc., Hoboken, New Jersey.
This translation published under license.
All rights reserverd.

No part of this book may be reproduced in any form without the written permission of the original
copyrights holder.
Copies of this book sold without a Wiley sticker on the cover are unauthorized and illegal.

书　　名：趋势交易
　　　　　QUSHIJIAOYI
著　　者：[美] 迈克尔·W·卡沃尔（Michael W.Covel）
译　　者：谭　浩
策　　划：中资海派
执行策划：黄　河　桂　林
责任编辑：郭军方
责任技编：刘上锦
特约编辑：张　帝　羊桓汶辛
版式设计：刘晓敏
封面设计：安宁书装
出版发行：世界图书出版广东有限公司
　　　　　（广州市新港西路大江冲25号　　邮政编码：510300）
电　　话：020-34201967
网　　址：http//www.gdst.com.cn
邮　　箱：wpc_gdst@163.com
经　　销：各地新华书店
印　　刷：深圳市雅佳图印刷有限公司
开　　本：787mm×1092mm　1/16
印　　张：14
字　　数：183千
版　　次：2013年9月第1版　2020年9月第4次印刷
书　　号：ISBN 978-7-5100-6501-9
定　　价：78.00元

如发现印装质量问题影响阅读，请与承印厂联系退换。

致中国读者信

To my chinese
Readers,

Welcome to the
world of trend
following. I hope
you can use this
Strategy to make
your financial dreams
come true!

Best regards,

亲爱的中国读者：

欢迎进入趋势跟踪的世界！

我希望这种策略能帮助你们实现财富梦想！

迈克尔·W. 卡沃尔

趋势
交易 THE LITTLE BOOK OF TRADING

花时间研究市场的正确趋势，必须深刻
理解时代和行业的发展特征，如果保持
一致，利润就会滚滚而来。

范·K. 撒普（Van K. Tharp）

《通向财务自由之路》作者

　　卡沃尔将这个时代伟大交易者的智慧结晶全都收录到了本书里。如果忽略这些智慧，那么总有一天你会发现自己的账户里分文不剩。

路易斯·纳维里尔（Louis Navellier）

《怎样选择成长股（21世纪实操版）》作者

　　卡沃尔在交易上独一无二的视角是难能可贵的。无论是投资新手还是职业操盘手，都能从卡沃尔对所有交易市场的解读中获益匪浅。《趋势交易》对所有想认真做交易的投资者来说是本不可或缺的书。

SeekingAlpha.com

美国投资资讯分析网、全球最大财经博客

　　卡沃尔的《趋势交易》通过顶级交易员的眼睛解读现在这个金融世界。卡沃尔在书里强调了用趋势交易获益的几条原则：坚持你的交易计划、进行风险管理、设置止损以及多元化投资等。

卡伦·O. 罗奇（Cullen O. Roche）
奥盛投资公司创始人兼 CEO

卡沃尔的《趋势交易》是一本投资者必读的指导书，能帮你在险恶的投资江湖中完胜对手。

小默里·罗吉里奥（Murray A. Ruggiero Jr）
TradersStudio 公司研发部副总裁

信任顶级交易员，聆听他们成功的秘诀以及发自肺腑的投资建议，这是一个美妙的体验。透过卡沃尔的《趋势交易》，你就能感受到。

梅班·T. 费伯（Mebane T. Faber）
坎布里资产管理公司首席投资官

如果你想获得巨额回报，那么买入并持有指数基金策略已经无法满足你。卡沃尔在《趋势交易》里提到的交易员不仅在金融危机中幸存下来，而且还赚取了高额收益。

安迪森·维金（Addison Wiggin）
《美元的坠落》作者

该书揭示了趋势交易高手的投资秘诀，让你能在利率市场、铜期货市场、货币市场和股票市场等一切市场中游刃有余。

汤姆·巴索（Tom Basso）
Trendstat 资本管理公司创始人

要成为成功的投资者，有三个必不可少的理念：第一，必须有强大的自控力；第二，必须谨慎控制风险以及管理好投资组合；第三，必须建立一个买卖机制。卡沃尔很好地传递了这三个理念，为读者揭开趋势跟踪能在不同市场收获成功的秘诀。

郑磊博士

《区块链＋时代》作者、萨摩耶云科技集团首席经济学家

《趋势交易》提出了一套不同于基本面分析和技术分析的高效投资策略，对于投资者来说，书中的经典案例和专业解读深具启发价值。

林永青

价值中国新经济智库 CEO

《趋势交易》系统梳理了 14 位交易大师的投资策略，揭示了他们绝不会轻易透露的获利秘诀，能够让读者成为更聪明的投资者。

吕　骞

人民网记者

美国著名趋势交易大师卡沃尔深度解析了投资者的的思维方式、群体心理，以及市场有效性等问题，他提出的趋势跟踪交易策略不主张通过基本面等信息预测市场走势，而是主张投资者在趋势出现后进入市场，待出现反转信号或触及止损线时果断退出市场，最终实现降低投资风险并提高投资组合回报率的目标，这让人耳目一新。

周　昊

知名财富管理专家、财经评论员

卡沃尔是国际公认的趋势交易专家，《趋势交易》全面呈现了这门投资艺术的精髓，书中的智慧能帮投资者穿越牛熊，长期获利！

张晓泉

平安基金研究总监

卡沃尔在趋势交易领域拥有深刻的洞察，《趋势交易》为投资者提供了一系列独到的投资智慧，帮助投资者获得更理想的收益。

黄　河

中资国际投资有限公司董事长、中资出版社联合社长

卡沃尔通过对 14 位顶级投资高手交易策略的剖析，阐述了趋势交易的智慧，为广大投资者在起伏不定的股市中获利指点迷津。

在险恶的投资江湖中靠什么完胜对手？

科尔·威尔科克斯（Cole Wilcox）
长板资产管理公司共同创始人兼CEO

简而言之，趋势跟踪就是将资金投资于趋势起作用的地方，清除对趋势不起作用的因素，同时对你的风险进行管理，以便能长期在市场中生存下去并最终走向强大。如果你认为这是每个投资者都应该做的事情，那么你就对了。但实际上，它并不同于你能想到的任何传统的投资行为。趋势跟踪绝不是随大流，而是一种逆势操作，即背离市场中大多数投资者的交易模式，而机会就在于此。

高于平均水平的回报在哪里？获得这种高回报最明智、最可靠的方法是什么？这是任何一个有思想深度的投资者都会面临的问题。总之，如果你只是想收获任何一个市场所能提供的平均回报，那么你只需要买入指数基金然后长期持有。但如果你想获得高于平均水平的投资收益，你就不能像大多数投资者那样行事。你该怎么做呢？

正如卡沃尔在《趋势交易》一书第9章中所提到的："我和我的合伙人埃里克·克里滕登（Eric Crittenden）也在问自己这个问题。"

为了寻找答案，他们花费了 10 年时间，喝掉了无数杯咖啡。如果他们仅满足于第一次，甚至第二次、第三次或者第四次发现，那么他们不可能走得这么远。他们的发现与传统智慧所期望的完全不同，以至于他们必须不断地测试发现，直到所有疑虑全部消失为止。

在商业领域，"二八法则"已经成为一条普遍的经验法则。例如，你可能注意到 80% 的税收来自 20% 的消费者，80% 的投诉来自 20% 的客户，80% 的销售额来自 20% 的销售员。

令人着迷的是，这一法则似乎随处可见：大多数世界纪录是由极少数具有世界一流水平的运动员创造的；只有寥寥几位政治家能够在相当长的时间内担任某一职位；少数几个学术精英贡献了大多数的学术出版物；多得数不清的获奖提名最终只会成就小部分的超级娱乐巨星。即使说到你家的花园，你也会发现 20% 的豌豆荚产出了 80% 的豌豆。

这个被称为"帕累托法则"（pareto principle）的少数重要法则是一个众所周知的自然规律。它描述的是原子、细胞、人类、行业和民族之间发生的竞争性遭遇战的结果。无论在什么环境下，我们都可以观察到极少数的参与者创造了绝大多数的成绩。

我们的研究证明，面对这一法则金融市场也不例外。我们所做的第一项研究名为"资本主义分配"（capitalism distribution），该研究探索了 1986—2011 年美国所有股票的年度业绩。结论非常有趣：资本主义每年都会造就数量惊人的超级富豪和穷困潦倒的破产者。在我们研究的 25 年时间内，表现极度糟糕的股票接近 20%，这些股票的价值至少损失了 75%。同样，表现很好的股票也接近 20%。剩下的大多数股票只能说表现平平，所获收益可以忽略不计。

因此，帕累托法则很好理解，即在任何给定的年份，超额收益只集中于业绩非常优秀的少数特定股票中。

之后我们又进行了一个测试，以此检测这个少数重要法则是否是全球各类投资市场和所有资产类别的普遍特征。我们对1991—2010年全球105个期货市场经过风险调整后的回报进行了调查。基础资产类别包括股票、债券、商品和货币。我们的发现是，平均来看，在所调查的期货市场中，接近50%的期货每年都会创出历史新高或新低。而就股票市场而言，大多数的赚钱机会都来自特定的几只表现非常优秀的股票。总而言之，这些竞争法则似乎完全适用于全球各地的金融市场。

由"二八法则"可以看出，投资成功还是失败的概率并不像我们所认为的那样是平均分布的。假如预期呈对称分布，意料之外的事情很可能随时都会发生。传统的投资组合设计希望实现一种缓慢而渐进的增长，这种稳定的条件其实是不存在的。投资市场就是一片汪洋，有波浪，有激流，还有风暴和飓风。为何要把汪洋当成一条平静流淌的小河呢？

我们的研究发现表明：如果你未能将极少数表现优良的股票纳入你的投资组合，你就会丧失所有获得真实回报的机会。如果这为数不多的几只绩优股对市场具有真正的影响力，那么为什么要用一堆表现平平的股票来抵消投资组合的收益呢？实际上，为什么要为那些几乎不带来多少真实回报的投资产品承担不必要的风险呢？为什么不集中所有精力，冒着你能承担的所有风险，去找出那些股票中的黑马，然后只要它们还具备超常发挥的特征，就一直持有它们？

这种思路不可避免地会将我们引入趋势跟踪。趋势跟踪是在使用经验数据找出不同的高收益投资产品，有效地放弃剩下的投资产品时，所发现的一种系统性、基于规则的投资方法。趋势跟踪可以帮助投资者长时间利用并依赖一些如市场波动等异常事件，直至自己变得强大起来。

趋势跟踪允许投资者涉及包括股票、货币、商品和定息债券在内的广泛投资机会。它还有一个额外的好处，即能同时适用于长线投资和短线投资，也就是说，投资者在各种市场环境下均可赢利。趋势跟踪能让我们在投资的大洋中正确航行，享受持续的复合增长。这是一个强大的投资策略。

趋势跟踪成功的基础并不是卖出表现最优的投资产品，然后买入那些还未被人发觉、潜力非凡的投资产品。趋势交易者不会预言哪种具体的价格趋势会保持赢利的走势。相反，趋势跟踪仅仅是识别出那些已经处于发展过程中的趋势，然后持续跟踪它们，使其发挥出全部的潜能。

趋势跟踪就是找出那些能够创造非凡业绩的投资产品，只要能保持良好的业绩，就一直持有它们。然而，趋势跟踪还强调适时放手，这一点也同样重要。预先设置止损点可以避免遭受无法想象的损失。承认自己决策的失误，并以低于成本的价格卖出投资产品并不容易，但在一轮趋势结束、一波行情耗尽时，如果你还坚持持有，那么结果只能是全军覆没。

我不想都用体育来打比方，但是想想看，假如你不得不将所持有的"泰格·伍兹股份"卖掉，你会是什么心情？你肯定会头痛不已。假设泰格处于事业巅峰时，即在他未因车祸需进行外科手术和爆出离婚丑闻之前，你正好持有这只股票。之后他的表现一落千丈，身价也暴跌不止，你还忘不掉他曾经的辉煌和荣光，因此，你现在很不情愿卖掉这只股票。恐惧和贪婪会对投资者产生不小的影响，会让投资者长时间处于赔钱的不利局面。假如后来泰格又走出困境，重振雄风，并打破了杰克·尼克劳斯的纪录，情况又会怎样？但，作为一名趋势交易者，为了避免遭受无法计算的损失，你必须有系统地消除你的偏见。

实际上，泰格后来确实走出低谷，重回赛场。但任何曾经预测泰格·伍兹回归的人在全国性电视台上犯过的错误都不止一次。趋势跟踪只有在最后才会知道谁是成功者，谁是失败者。

趋势跟踪把风险看成一种商品。这就像你油箱里的汽油，在这些汽油没有用完以前，你就只有这么多。一旦汽油全部耗尽，你就玩完了。同样的道理，一旦你把风险全部用完，即便眼前有一个巨大的机会，你也没有办法去利用它。

趋势跟踪承认这个与投资有关的基本现实，因此，它关注的是风险管理，而不是收益管理。趋势跟踪反对将风险浪费在那些无法也不会获得丰厚回报的投资项目上。处于表现平平的境地可能最终会让你走向亏损，而且几乎不可能让你获得丰厚的回报。同样，趋势跟踪会对亏损加以限制。就像泰格·伍兹一样，他有可能从不利的境地逃脱出来，但如果他未能走出泥潭，风险还是可控的吗？趋势跟踪坚持认为，如果操作得当的话，脱离这种境况会带来一丝甜蜜的忧伤，但保持这种境况也可能是一粒难以忍受的苦口药丸。

用这种方式来限制下滑的趋势会对投资收益有一些基本的启示。它会让你获得一种不对称的回报，你的平均收益通常会高于平均亏损。要想在长时间里获得正收益，趋势跟踪就是你最佳的投资选择。

趋势跟踪是由数据，而不是消息驱动的。趋势跟踪的基础是对赢利性有决定作用的实际市场价格，而不是针对价格的解释和分析。因此，只要运用得当，趋势跟踪不会受到华尔街、CNBC 以及其他舆论领袖的政治活动和从众心理的影响。分析数据后，趋势跟踪给出买入信号，你就买入；给出卖出信号，你就卖出。这并不是说你每次都能决策正确，其实这种概率是很小的。而是说趋势跟踪可以提供一个框架，在此框架下，可能大部分时间你都判断失误，但只要你做出了正确判断，就能让你在很长一段时间里获得丰厚的回报。

只有当你了解购买的投资产品所处的生态环境，你才能够在知情的情况下做出运用哪种投资策略的选择。在长达 10 年的研究过程中，克里滕登和我仔细而冷静地查阅了相当长一段时间内的全球市场数据。我们开始清楚地认识到，在金融市场中，危机总是以不同的形式有规律地反复出现。这些破坏性事件就像市场中频繁显现的波动。像大部分传统的投资策略那样，坐在独木舟里驾驭危机是没有意义的，独木舟只是一种适合在平缓的小河中驾驶的交通工具。相反，趋势跟踪更像一艘适合远航的巨轮，其存在的意义就是与市场中形成的漩涡和风暴顽强搏击。

趋势跟踪能够保证你的资金安全并最终赢利吗？当然不能。和其他投资方法一样，趋势跟踪只有在人们运用它进行投资且市场机会正好出现时才是有效的。但毋庸置疑的是，趋势跟踪为投资者提供了一种管理风险和应对市场现实的框架。这种投资策略确实值得一试。

趋势交易能否驾驭人性的弱点？

卡伦·O. 罗奇
奥盛投资公司创始人兼 CEO

趋势跟踪听起来很简单，正如《加特曼投资通讯》（*Gartman Letter*）创始人丹尼斯·加特曼（Dennis Gartman）常说的："我喜欢曲线图从左下方向右上方移动。"在外行人看来，趋势跟踪的全部内涵就是识别趋势并驾驭趋势。

不过有句名言是这么说的："在趋势结束以前，它都是你的朋友。"趋势跟踪不仅仅要找出优良的投资品种，还涉及利用规则和技巧来管理与投资有关的风险。初看起来趋势跟踪只是个很简单的投资策略，但实际上是全世界成功投资者广泛使用的一个相当复杂、多维度的重要投资技巧。

必须澄清的是，我认为不存在两个投资环境完全一样的市场，而且市场都是高度无效率的。因此，我会将多种策略结合起来运用。在某个牛市或熊市中有效的策略不一定同样适用于另一个牛市或熊市。这就是为什么交易需要大量的弹性，以及顺从并适应新环境。风险管理和建立一种系统化的方法是我的工作重心。在提升我的投资策略基础方面，趋势跟踪是大有裨益的。

在拿到金融学学位之前，我和你一样，是一个求知若渴的年轻投资者，但那时我失败了。于是我像大多数投资者那样，开始阅读投资大师们的著作。我把沃伦·巴菲特写的所有给股东的信都打印出来，还读了《漫步华尔街》（*A Random Walk Down Wall Street*）、《彼得·林奇的成功投资》（*One Up on Wall Street*）、《聪明的投资者》（*The Intelligent Investor*）等一系列投资必读书籍。有一天，父亲向我推荐了卡沃尔的第一本书——《趋势跟踪》（*Trend Following*）。粗读一遍并未让我发现多少过人之处，但书中所传达出来的信息改变了我对投资的看法。

趋势跟踪不仅是在图表上画一条曲线，然后希望它能不断地从左下方向右上方攀升这么简单。趋势跟踪需要研究市场波动的历史，制订游戏计划，建立规则，然后学会使用这些规则，以及了解资金管理和风险管理的方法。这与长久以来华尔街向小散户们兜售的那些失败的投资方法无关。趋势投资是一种另辟蹊径的投资方法，让我们明白趋势交易者所使用的技巧适用于所有市场和所有的交易策略。你不必认同趋势跟踪里的那些严格的技术分析，也不必因此认为趋势交易者使用的那些投资技巧，是任何一个成功的投资者不可或缺的一部分。

有句古老的谚语是这么说的："预则立，不预则废。"趋势交易者之所以会成功，正是因为他们的投资策略关注的是风险管理，并严格遵守了交易的规则。而要想在投资领域取得成功，你不一定要成为一名趋势交易者，但你一定要了解风险管理的重要性，同时要建立规则，提前规划。若非如此，失败就是注定的。卡沃尔的《趋势交易》正是一本必读的指导书，能帮你在险恶的投资江湖中完胜对手。

揭开趋势跟踪的神秘面纱

著名政治经济评论家本·斯坦（Ben Stein）有句名言："如果在2008年的金融危机期间你的损失不够惨烈的话，那么一定是有哪儿不对劲了。"当我听到这句话时，不禁想大叫一声：这个观点简直是胡说八道！这一年，有人凭借可靠的赢利策略赚得盆满钵满，赢家们并没有什么不对劲的地方。他们不过是恰好具备了一种防患于未然的眼光，于是当那些出乎意料的事件一一展现时，他们就能大捞一笔。

几十年来，投资者们已经习惯相信他们是不可能战胜市场的。有人教他们要购买指数基金和共同基金，收听CNBC①，还要相信政府。我要说的是，这些都没用。过去10年里，所有人都见证了股市一次又一次的崩盘，但投资界的巨头们反复告诫我们，唯有坚持传统的投资策略才是解决之道。不过在我们的内心深处对此抱有疑虑。即使我们不知道赢家到底是谁，但一定是存在的，尤其是在股市崩盘的中期。

我要向大家介绍一种新的思维方式，这一赚钱之道跟你以前从经纪公司、媒体和政府方面听到的方法都不一样。

---

①美国全国广播公司财经频道。

你要扔掉基本面分析。许多投资者使用基本面分析作为指导，即通过了解一家公司过去及未来的财务状况来进行投资决策，这是进行投资活动的基石。不过你没必要知道下一代苹果 iPad 的市场需求量是多少，也无须知道金价会上涨或下跌多少，以及金价波动背后的原因。要想赚到钱，你唯一需要知道的就是市场趋势。只要你加入市场浪潮中，不管是上涨是下跌，都要顺应市场的趋势。

趋势交易者要遵循的三大经典法则

本书将始终围绕趋势跟踪展开。也许你从未听说过这个词，但趋势跟踪这个概念其实非常简单。假设你对市场的走向和持续时间一无所知，趋势交易者只会说，如果苹果公司的股票交易价格是 300 美元，而且这个价格还在走高，就买入。为什么你要这么做呢？因为，如果苹果公司股价正在走高，你当然不想错过赚钱的机会。没人知道苹果公司的股价会涨到多高或跌到多低，但如果它要从 300 美元涨到 400 美元，那么你肯定不想错过，即使 300 美元的买入价听起来已经很高了。在低点或股价便宜的时候买入并不是我们的目的。

趋势跟踪的伟大之处在于，你没有必要知道与石油相关的信息，也无须知道下个星期或明年的石油供求状况。趋势交易者根本不关心这些。

股票市场在上涨，你就买入。之后，如果股市掉头向下，你将开始亏钱，就卖掉。应该在何时离场呢？趋势交易者遵循着几条永不过时的经典法则。

第一条法则，如果你对市场的走势判断失误，请承认错误，然后卖掉股票。如果市场趋势并未按照你的预期发展，那么你应该容忍少量的亏损。承认失败是将亏损维持在最低水平的关键，这就是保存资本的方法。

让我对此做一个解释。我们还是以苹果公司为例：假设现在苹果公司的股价是 300 美元，当它涨到 310 美元时，你买入该股票并希望它能涨到 400 美元，但是你不确定是不是能如你所愿。因此，当你的股票跌到 300 美元时，你对自己说："我只能承受 5% 的亏损。"假如你有 10 万美元并将这些资金全部用于购买苹果公司的股票，你希望股价涨到 400 美元的同时，能够承担 5 000 美元的亏损。当苹果公司股价开始下跌，你的亏损达到 5 000 美元时，你就卖掉股票。趋势跟踪就是这么回事。要是股价不跌，你没有亏掉 5 000 美元，你就可以在股市中继续前行。

第二条法则，股市上涨时，你可以从中赢利；股市下跌时，你同样能做到这一点。趋势下行时，你可以进行"做空"操作，这时只要市场持续保持向下的趋势，你就可以一直赚钱。也就是说，不论谷歌公司的股票从 600 美元涨到 700 美元，还是从 700 美元跌到 600 美元，你赚到的钱一样多。

趋势跟踪不仅适用于股市，趋势交易者还将这种"对市场充耳不闻"的理论运用在货币市场、商品市场、债券市场、黄金市场和石油市场等凡是你能想到的地方。

第三条法则，你完全不必理会交易是在哪个市场中发生的，趋势交易者唯一在乎的事情是市场的价格走势。知道了价格，也就抓住了赚钱的机会。不妨把自己想象成一个藏身于某艘游轮上的偷渡者，你不会在意船是怎样到达目的地的，因为你已经在船上了，那些驾驶游船的具体事务就让别人操心去吧。优秀的操盘手确实是这么想的，也是这么做的。

为何趋势跟踪不广为人知？

趋势交易者不仅在 2008 年赚到了钱，在接下来的十几年里财富还将源源不断地进入他们的腰包。为何大多数人从未听说过这个无论在牛市或熊市都能赢利的伟大交易策略呢？为何人们对这个在市场乱局中也能维持良好业绩的生钱之道知之甚少呢？答案就是共同基金。

我们所有人都被这样一种说法诱惑了：买入并终生持有一只共同基金，这样你在退休时就能获得一大笔丰厚的养老储备金。各类共同基金公司在华盛顿雇用了一些严肃的说客，向无数投资者兜售这类白日梦似的空想。投资共同基金 10 年后你的收益为零，而与此同时这些共同基金的所有者却能赚数十亿美元，这时你还会相信共同基金是一个不错的投资渠道吗？

我们还是不要在这个问题上纠缠太久，毕竟本书并不打算把大量时间花在抨击竞争对手上。本书要证明的是，你还有一种方法可以试试自己的运气。我会用我所知道的最佳方式来向你介绍趋势跟踪策略，即对那些仍然活跃在市场上的成功趋势交易者进行观察。为什么我们要关注这些交易者呢？

原因之一就是他们才是正在进行着真实交易的人。他们可不是在 CNBC 上夸夸其谈的专家，也不是学者、政客。他们从来不做预测。那你怎样才能知道他们是在赚钱？你又怎样知道他们是真的在做着能赚钱的交易？他们的审计记录在美国政府那里有备案（见附录 B）。

是不是对趋势跟踪的效果还抱有怀疑的态度？我从 1996 年起就一直在从事有关这个问题的教学、写作和研究工作。人们不愿采纳趋势跟踪交易策略或不太了解这个策略的首要原因是教育，更确切地说，是投资教育的缺失。

我听说在跟人们谈论趋势跟踪问题时，向读者和学生引荐一些真实的交易赢家能够迅速提升他们的学习曲线。我指的不是那些辉煌的人物传记，而是藏于幕后活生生的真实故事和投资策略。如果能走到幕后去观察这些投资大家，甚至是少数操盘新星们，了解他们所受的教育、价值观以及奋斗史，你就能更好地去领会和应用趋势跟踪策略。更好的情况是，通过"触摸"他们的生活，你会看到他们跟我们所有人有着很多的共同之处。交易是一种脑力劳动。还在质疑我吗？是不是还想试试别的方法？

最重要的是，我要去大多数人都无法去到的地方寻找答案。我毕生的事业就是去发掘趋势交易带给我们的启示。

踏上交易之旅，分享赢家智慧

无数人都在写书，告诉你他们知道明天会发生什么。可你真的会把赌注押在那些声称自己知道明天市场走势的人身上吗？这听上去就像赌桌上的掷骰子游戏，难道不是吗？

完全正确，这些预测简直是一派胡言。

然而，我无意让你相信我的话。我将带你踏上交易之旅，在这趟旅途中，你会遇见 14 位交易者，并从他们那里学到一些东西。他们都持有相似的观点，都信奉趋势交易的投资理念。几十年来，他们从市场中获得了几十亿美元的收益。他们与我分享了赚钱之道，他们才是真正的交易赢家。我现在也要把他们的投资智慧与广大读者们分享。

这些成功者之间有哪些相同之处呢？他们都是善于自我激励的人，而不是含着金钥匙出生的公子哥，他们并不靠祖辈的荫庇发家。当每个人都认为他们会输的时候，他们却很清楚怎样才能成功。他们从不放弃。虽然他们的成功故事各不相同，但这些故事都能起到鼓舞人心的作用，你可以利用它们来开启一生的发财之路。

最后也是最重要的一点，你在本书中能学到教训，或者说我在和那些优秀的交易赢家通过这本书传递给你的投资收获。他们并不想给公众大量不实用的投资见解，只委托我将这些利用趋势跟踪策略来赢利的故事，以及他们通往成功之路的途径准确、真实地呈现出来。

我将尽最大可能压缩各章节中有关这些交易者的投资细节，而会凸显他们的交易智慧。但请记住他们都是一流的操盘手。他们中大多数人都是白手起家，具有点石成金之术。因此，你还是应该留意有关这些投资大师的少数细节之处：

◆ 加里·戴维斯（Gary Davis）、杰克·福里斯特（Jack Forrest）以及里克·斯劳特（Rick Slaughter）管理着晨曦资本合伙人公司，他们的趋势跟踪记录不间断地进行了30多年。

◆ 大卫·哈丁（David Harding）通过他的温顿资本管理公司进行了连续20多年的趋势跟踪记录。哈丁赚了近10亿美元。

◆ 戴维·德鲁兹（David Druz）在30年前的交易账户只剩区区1 500美元。但他从1981年开始进行连续的趋势跟踪记录，这让他舒服地坐在夏威夷的办公室里就赚到了上百万美元。

◆ 凯文·布鲁斯（Kevin Bruce）以5 000美元起家，通过20多年的趋势交易，他积累了1亿美元的财富。

◆ 保罗·马尔瓦尼（Paul Mulvaney）作为一名趋势交易者，进行了10年的趋势记录，仅在2008年10月这一个月里，他的收益率就超过了40%。这可是过去30年里最疯狂的一个月，可他却获得了完胜。

这个名单上的人还有很多。列出他们只是想让你知道，你的学习对象是一些顶尖的投资赢家，而不是互联网聊天室里向你推销小道消息的匿名人士。认真学习下面的这些章节，我保证书中的内容会让你惊喜不已、沉迷其中。

第 1 章

坚守规则

趋势交易的第一课

戴维斯从医生跨行也能成为顶尖交易者，福里斯特从连续亏损 17 笔交易到后来可以成功管理 2 亿资本，他们究竟是如何完成这样的蜕变的呢？还有最早编写出交易系统的斯劳特，这三位行业先驱通过趋势交易都赚得盆满钵满，其中成功的关键到底是什么？

神秘的趋势跟踪，是一时管用的"幸运交易法"，还是可以持续获利的永恒交易策略？

加里·戴维斯：老派技术的延续者

杰克·福里斯特：永不服输的斗士

里克·斯劳特：编写交易系统的先驱

晨曦资本合伙人公司（Sunrise capital partner）

    圣迭戈最大的对冲基金公司，成立于1980年，目前管理着2.5亿美元的客户专有资产，被誉为"小池塘里的一条大鱼"。交易品种覆盖全球70多个市场，至今只有两个年度出现亏损，其余时间都给客户带来正收益。公司经常被邀请参加各种高峰论坛以及受到《华尔街日报》《期货》、CNBC等财经相关媒体的采访。

1

> 顺应趋势的方向交易，不要为小利而逆水行舟。若硬要逆势而为，水流必然会做出反应，你则会付出代价。

今天的晨曦资本是一家非常成功的资本管理公司，但在它刚创立的时候可不是这样的。晨曦资本的创立者是 3 个敢于创新、颇有远见的人。他们发现并抓住了机会，遵循自己的交易法则。这一点我在前言中提过，但还值得重述一次：学习趋势跟踪并利用这种投资策略获得丰厚回报需要的是信心。获得这种信心的最佳方式就是从头至尾地告诉你一个成功交易者的交易历程。

阅读本书时，你可能会提出如下疑问：这些交易者何时开始涉足趋势跟踪交易与我有什么关系？了解他们在 20 世纪 70 年代、80 年代和 90 年代的投资业绩与我有什么关系？这种相关性的原因在于它显示了趋势跟踪策略的一致性。趋势跟踪可不是那种只在某月、某年或某 10 年内管用的"幸运交易法"。它是一种可以连续 10 年，每个月都能用于指导交易的策略。事实上，我希望你读完此书后仔细研究一下所有交易策略（不仅仅是趋势跟踪）长久以来的表现是否具有一致性。如果你发现某种策略的背后并没有业绩作为支撑，那么你就是在赌博。在你投身于市场之前，先摒弃这些赌博的成分吧。

要说读过此书后能有什么收获，最直接的就是坚持。总有一些事情会转移我们的注意力，如耸人听闻的新闻、意料之外的惊喜和无法预测的混乱事件，但你不应被这些事情所干扰。告诉你一个秘密：顶尖的交易者从来不关注这些事情。通过勤奋学习和努力工作，也许还有一点小运气，他们终于发现：坚持采用一种交易策略的能力比打听和操心邻居们在干些什么重要得多。

我们回到 20 世纪 70 年代中期去看看吧。杰克·福里斯特是圣迭戈的一名医生，同时还从事医学教育的工作。那时的他攒下了一些积蓄，打算开立自己的交易账户。钱并不多，但也足够入市玩一把了。刚开始，他选择投资股票，但没过多久他发现商品期货的波动幅度更大，应该更有利可图。

与很多人一样，福里斯特开始运用基本面来交易，如阅读资产负债表、了解供需关系等。他发现自己分析市场的能力不够，于是就去找本地的经纪人交流，但他们也毫无头绪。似乎所有人都不具备一种合理的，或者说系统性的交易技巧。

大多数人不过是想赌一把，另外一些人把他们的成功归因于对市场走势的直觉判断，我们所有人都有过这样的体验。很多人初涉投资市场时都经历过这种事情。

常有人说："孩子，基本面分析确实很靠谱。"但如果你问他为什么，通常得到的回答是："本来就是这样。"当你发现靠经验，也就是基本面分析来判断市场不起作用时，你会怎么做呢？答案是：寻求一些系统化的交易技巧。

也就是说，你要研究一下历史上曾经发生的事情。你应该阅读那些著名投资人的故事，如杰西·利弗莫尔、迪克森·沃兹和理查德·唐奇安和其他常年使用系统化方法的顶尖交易者。图书馆里有很多这类书籍，从这些著作的作者智慧中我们可以总结出一个共同之处：迈出重要的一步并坚持到底。

这时我们会遇到一些明显的问题："如何迈出重要的一步？""试试别的方法？""这些方法是什么？""从别处购买一堆交易方法？"

福里斯特开始尝试趋势交易和通道突破。

通道突破（channel breakouts）：某只股票或某种商品在一个密集价格通道中进行交易，之后便开始以高出通道顶部的价格进行交易。这里的"密集价格通道"指的是什么呢？比如苹果公司的股票在以 300、305、300、305 和 300 美元的价格进行交易，然后飙升到 325 美元。这时就突破了密集成交价的"通道"。

福里斯特继续着他的尝试，以突破通道的价格买入股票似乎效果不错，于是他就开始用这种方法进行交易。很多交易者为了找到一种赢利系统花费了数年时间，但是福里斯特运气还不错，找到了一种正确的方法，而且与大多数人所使用的方法完全不同。

有了这种交易规则，交易会变得非常系统化。你可以写出你的交易规则，然后严格遵照这些规则进行交易。福里斯特的第一个交易技巧非常简单：每周买入一些突破价格通道的股票。他以12 周为单位，判断价格是否突破"密集价格通道"，当市场出现过去 12 周以来的高点或低点时，分别进行做多或做空操作。

什么样的市场可以进行这样的交易？虽然福里斯特进行这种交易时的市场跟今天完全不同，那时候全部都是实物商品交易市场。但系统化的趋势跟踪规则适用于当今所有类型的市场。也就是说，股票市场、货币市场、黄金市场、石油市场等一切你能想到的市场，都可以利用趋势跟踪策略来进行交易。

寻找系统化交易的良师益友

福里斯特现在做着研究和交易工作，早些时候经历过一些有趣的事情。20 世纪 80 年代早期，福里斯特聆听过传奇交易大师埃德·塞柯塔（Ed Seykota）的夜间培训课程。塞柯塔对趋势交易法则和交易心理进行了补充。

塞柯塔讲授的是一个带有过滤器规则的 4 周通道突破系统，该系统只适用于市场上涨（多头）的时候。当市场处于下跌通道（没有卖空）时，塞柯塔并不会采用该系统进行交易。

过滤器规则是为交易信号，即你的通道突破设置一个障碍。如果最近 6 个月的突破结束了，你就只能做多头交易。

趋势跟踪不仅仅只是这些交易规则，这种方法并不复杂，困难在于将趋势跟踪坚持到底。塞柯塔使用这种系统性方法取得了巨大的成功，这给了福里斯特很大的信心，他认为自己也有机会。

杰克·福里斯特和加里·戴维斯都是医生，在加州大学圣迭戈分校从事研究工作。除此之外，他们还是网球搭档。福里斯特非常希望能找到一个可以给予他交易建议，而且同样使用系统化趋势交易法的人。刚开始他运气不佳，没能找到这样一位交易上的伙伴。

大概 5 年之后，福里斯特才开始与加里·戴维斯探讨交易的问题。虽然他们是很好的朋友，但戴维斯对福里斯特在交易方面的热情一无所知。戴维斯最终是如何发现福里斯特对交易感兴趣的呢？这还要从一次网球比赛后说起，当时他们坐在长椅上，谈话中提到了猪腩肉期货。这是芝加哥商品交易所的一个交易品种。

当时福里斯特说："我有跟交易相关的所有书籍。"他还跟戴维斯说，如果他有兴趣了解关于市场的问题，那么他很乐于把这些书借给他看。戴维斯就在一周内阅读了接近 20 本书，这是他的趋势交易生涯的开端。

听起来像个巧合吗？好像戴维斯并没有计划要当一名交易员吧？也许你是对的。戴维斯很喜欢他的教研工作，但从不认为这是最完美的选择。身处其他教员中，他觉得自己有点格格不入。

坚持计划是成功的关键

戴维斯刚满 34 岁时，他已经开始用从 J. 威尔斯·韦尔德（J. Welles Wilder）那里听到的趋势跟踪程序进行交易。戴维斯所做的前 17 笔交易都是亏损的，不过一旦他进行了调整就重回市场。他认为这是他能坚持到现在的唯一原因。

戴维斯是何时顿悟的？原来他对那些能在任何市场中长期保持杰出业绩、采取趋势跟踪或动量交易策略的交易者进行了仔细的剖析。

从早期连续且重大的亏损中挺过来后，戴维斯发现，除了在书本上读到的那些交易之外，他对其他人的交易一无所知。他唯一知道的是，大多数交易者赔光全部的本钱只需 6 个月。更糟糕的是，看起来成功的交易者在存活 3 年之后，还是会赔得精光。他觉得自己的交易生涯可能也会是这样。

采用基本面分析的交易者之所以能获得巨大成功，是因为他们在正确的时间处在了正确的位置。

戴维斯更倾向于进行一些独立的研究，从不和其他交易者有过多的交谈。他认为趋势交易策略的关键就是坚持自己的计划，不要听到别人说"他这个想法不错呀，我也来试试看"，就不断地改变自己的规则。

就在福里斯特和戴维斯在各自的交易之路上越走越远时，他们后来的合伙人里克·斯劳特想的却是自己天生就应该属于市场。斯劳特有这个想法已经好一段时间了，还清楚地记得很小的时候就开始学习股票知识。

青年时代的斯劳特对企业法很感兴趣，但之后他把兴趣转向了交易。斯劳特在 25 岁生日时完成了第一笔交易。他还是 20 世纪 70 年代最早在计算机上编写交易系统的人之一。不久后，斯劳特开了一家向客户出售趋势跟踪系统的商店。

用自己的钱进行了一段时间严苛而有益的实验后，戴维斯得出了一个结论：遵循他的投资策略，扩大交易规模可能会获得更大的收益。于是他开始向朋友和家人寻求帮助，从他们那里筹到了更多的资金。

1980 年，肯·特罗宾（Ken Tropin）当时任职于添惠金融公司（dean witter）——现在全球最成功的趋势跟踪公司之一。在他的激励下，戴维斯发起并创立了晨曦商品期货公司——晨曦资本合伙人公司的前身。

那时的戴维斯并不擅长高科技的交易。他更喜欢研究《华尔街日报》印刷版上的手绘图表和报价。这对那些总是找借口说没有理想交易环境的人来说是一个鼓励：你要做的只是行动。

我还有一个更大的心得要告诉投资者。今天许多人在验证他们的交易理念时都不具有优势。计算机的使用让我们爱上了24小时不间断的商业广告推销，但要从数据中分辨出真实信息和运气成分需要的是经验。在计算机还未普及的年代，所有验证工作都由人工完成，报纸上有每一条交易的信息，一目了然。你所要做的就是研究图表，研究的时间越长，就越容易发现它们之间的相似之处。最新潮的技术或最流行的宣传炒作都不是交易成功的关键。

戴维斯与晨曦资本一起延续着成功轨迹。到20世纪90年代中期，他管理的资金已经超过2亿美元，并经常为投资者带来两位数的年投资回报率。这个时候的福里斯特结识了里克·斯劳特，并成为他的合伙人。虽然他们管理的资金规模略小于戴维斯的，但作为一个团队，他们也在分享着彼此的成功。似乎是水到渠成的事情，1995年初，这3位行业的先驱走到了一起，组建了晨曦资本合伙人公司。

不信市场假说那一套

很多人都认为我们无法战胜市场，他们认为市场是有效的，学者则将这一观点视为神灵信奉。有种说法是这样的：即便你看到了市场之间的差异，而当你想尝试利用这种差异套利时，它早已消失了，因此，你应该买入一只共同基金，然后终生持有。趋势交易者断然不会接受这种令人厌倦的观念。

那时的里克·斯劳特还很年轻，也许对生活中的事物和市场的看法有些傲慢，而且从未认同过有效市场假说（efficient market hypothesis）。当接触到有效市场假说的创立人尤金·法玛（Eugene Fama）时，斯劳特正在攻读研究生，这个理论才刚刚被确立下来。当时斯劳特就认为这个假说存在漏洞，当他和他的伙伴们持续赢利的时候，斯劳特看不出市场如何有效。不论那时还是现在，他的想法与华尔街大部分人的想法都很不一样。

现实情况是什么呢？市场经常处于一种能够产生可观赢利的"尾部"情形，随着时间的流逝，这些赢利将大大超过当市场不在尾部内时所导致的亏损。当我提到"尾部"一词，你可以回想一下在讨厌的统计学课程中学到的内容。我指的就是钟形曲线的尾部，即人们认为很少发生的极端事件实际上在市场中经常发生。

我们都知道世界是混乱的；我们知道会有意外的惊喜；我们也知道试图用一种完全对称的钟形曲线，即正态分布去解释世界并非明智之举……既然如此，为何我们不利用它来建立一种交易策略呢？

如何才能做到这一点？一旦市场潜在的趋势信号趋于明显，各种过滤技巧就开始发挥作用了，不一定指的是前文所提到的过滤器规则，但其本质是相同的。你需要观察一下市场的波动情况，然后确定这种波动仅仅是一种杂音还是一轮价格趋势即将开始的信号。很多情况下，要想搞清楚两者间的不同是不太可能的。因此，原则上当市场波动非常剧烈时，你应该缩小初次交易的资金规模；而当波动性减小后，你就应该适当增加初次交易的资金规模。

重点是要保证不错过每一次潜在的大趋势。每当你设定的价格基准来临时，系统发出买入信号，你就要开始进行交易。哪怕判断失误，也可以通过止损保护你的资金，防止你陷入下跌趋势。

你从晨曦资本的这三位合伙人身上可以吸取的教训：他们会扑向每一次交易，但每次交易要冒多大风险，以及这些交易可被碎化为多少部分都会随着时间的流逝而改变。

大多数交易都有利可图吗？并非如此。但你也不知道哪些交易会让你赚钱，哪些又会让你亏损，因此，你只有追随着每一笔交易前行。这些话也许有些多余，但你一定要认同这一点。

在跟踪每一笔交易的时候，你还必须做好自我保护。要想利用趋势跟踪取得成功，关键是避免让自己陷入下跌趋势。令人失望的是，大部分投资者，甚至包括那些常在电视上露面的杰出基本面投资者对此都不以为然。

请相信以下基本事实：趋势是你的朋友，趋势跟踪是一个有力的工具，绝不要错过任何一次交易。毕竟你永远都不知道哪一次的波动引发了后续的所有波动。

系好安全带：为交易制定规则

趋势跟踪的核心理论是当市场出现某种波动或势头时，一旦让市场动起来，这种趋势就会持续下去。过去 30 年里曾发生过能够动摇这种基本信念的变化吗？当然有。市场在过去 30 年里的波动是非常剧烈的，但机会的变化同样巨大。今天你在如此多元化的领域所看到的机会在 30 年前是无法想象的。

多元化听起来不错，但前提是要制定一些规则来控制你的行为。多数人只是没有做他们应该做的事情，杰克·福里斯特直言不讳地说："交易可以总结为规则或资金管理，仅此而已。如果没有很好的理由，就不要改变制定好的合理规则。"

福里斯特以一种很简单的方式来看待趋势跟踪的成功：你可以直接花钱从别人那里买到规则，然后把它们包装成你自己的，或者你也可以只购买一部分规则，对其进行修改，让它们成为你自己的规则。

大部分人并不愿意在此事上投入精力，对此你应该感到庆幸。如果大多数人都不愿花时间或没有能力制定规则，那么机会就向你敞开了一扇大门。

趋势交易就像过山车，当过山车急速俯冲时必须想办法保证自己不被抛出去，这一点至关重要。记住这句话：在市场混乱时期，要找到一些同样有用的方法很容易，但如果你总是频繁地改变交易规则，就毫无机会可言。

加里·戴维斯认为自己刚开始的时候对交易一无所知。他曾是一名工作勤勉的优秀医生，但也许他天生就应该像一个研究员那样去研究交易。在对趋势交易进行了一番研究后，他非常确信的一件事情就是：如果他不将自己的计划坚持到底，他就会变得一无所有。显然如果他这么做了，就一定会赚到大钱。

做一名程序化交易员的好处之一：程序化交易无须耗费大量的时间。做研究是很费时的，但实际的交易行为只需要制定规则、遵守规则、不要违背规则即可。

几乎每个跟踪市场的交易者都知道，**一旦市场势头启动了，特别是在这种势头形成后，交易者就会以某种方式做出回应。最终市场会出现过度的波动，然后波动停止，发生逆转**。不认清市场的这种规律就等于不了解人性。戴维斯很早就看清了这一点。

发起进攻还是评估胜算？

看新闻、读财经杂志、听总裁报告，这些都不是你从市场中赚钱的方法。戴维斯说得很明确："解释事情发生的缘由不能帮你赚钱，猜测未来发生的事情也不能帮你赚钱。你不知道未来会发生什么。现在你所无法预测的事情才是未来能帮你赚钱的事情。"

"你知道吗？因为这个或那个事件，肯定会发生某某事件。"这通常是一个有趣的开场白。而他所要告诉你的是人人都知道的信息，这个信息的影响早已反映在市场价格里。

大多数交易员以及普通人都认为，赚到大钱是因为自己足够聪明。这纯粹是一种肤浅的推理，用不客观的态度对待交易结果是在玩一种危险游戏。交易游戏结束，你就在自欺欺人："要是我赚钱了，这就是个好想法；要是没赚钱，这就是个糟糕的理论。"

当然这也并不一定是真的。很多本来可以赚钱的伟大交易最后都以失败告终，但不能因为一笔交易的失败就认为这种投资策略很糟糕，或者这笔交易判断失误。

为了说得更明白，戴维斯举了一个体育运动的例子：假如你是一名橄榄球教练。现在比赛已经进入第 4 节，你可以选择发起第一次进攻，这时你的胜算有 8%；你也可以选择弃踢，把球让给对手，这样你的胜算是 70%。人们要评估的是，你是否会发起第一次进攻，而不是你对胜算做出的判断是否正确。假如你选择不发起进攻，很多人会说这是个糟糕的决定；而如果你选择发起进攻，他们就会说："你真是勇气可嘉啊！"

这是一种错误的思路，你应该更重视对胜算的评估。"如果我这么做，胜算有多大？""形势对我是否有利？"用基本面分析的交易策略不可能很好地解决这个问题。

我知道你希望看到的是一条永不下跌的漂亮曲线，它能让你变得富有，但没人能做到这一点，这不符合市场运行规律。如果你无法忍受账户出现波动，那么千万不要涉足交易。如果你打算自己交易并赚到大钱，你就得面对账户价值巨幅下跌的情况。换句话说，如果你希望你的账户从 100 美元上涨到 200 美元，那么在此之前，它有可能会暂时跌到 60 美元。市场就是这样，但是一定会有这么剧烈的波动吗？也不一定。实际上，当晨曦资本为客户交易时，他们力争通过设定更低的收益率来换取较小的跌幅。这里的跌幅衡量的是账户亏损时间和损失的资金量。

那些著书讨论基本面分析、天天在电视上做趋势预测的专家，甚至那些撰文说你不可能成为下一个加里·戴维斯、杰克·福里斯特或里克·斯劳特的人完全错了，他们对过去 30 年的正收益视而不见。我要说的是，那些针对业绩记录提出的批评都是胡说八道。他们的恐惧和担忧都没有意义，与此同时，真正收获成功的是坚持趋势跟踪策略的人。

有些学者总结说："针对市场采取一种系统化的策略是可行的。"他们明白这种策略不仅可以帮你赚钱，还能降低你整个投资组合的风险，这一点趋势交易者早就想到了。你确实可以运用合理的系统化方法，对多个市场进行跟踪，从长期来看，你有可能获得不菲的收益。

人们总是希望找到能帮他们赚大钱的策略。这种策略确实存在，但要获得成功还需付出努力。这就像学习弹钢琴，大多数人都不愿找个好老师，静下心来反复练习。利用趋势跟踪做交易也是如此，人人都想赚大钱，但没人会把钱送到你手上，你必须付出努力才行。

在晨曦资本这个案例中，将一种投资理念坚持到底是 3 位合伙人成功的原因之一，这也是为什么晨曦资本作为一家系统化趋势跟踪公司能一直这么强大的原因。他们的成功对每个人都有启示。

投资大师的建议

　　合理的规则非常关键！因此我们要向成功人士学习。进行一笔交易之前，不要考虑资金规模，预先为该交易设置一个止损点，这样即使趋势发生逆转，你的资金损失也不会太大。除了这个预先确定的止损点，还应为所有交易预设一个跟踪止损。

　　一旦某个价格趋势开始出现，可以马上激活并加快跟踪止损。这样一来，假如价格上扬后趋势又发生逆转，至少你还可以从交易中获得一点赢利。当趋势持续下去的可能性很大时，你要多参与交易；当趋势持续下去的可能性很小时，你要尽可能少参与。

　　在任何市场中交易都要遵循类似的规则，然而有些市场或特定行业的规则是例外的，如小麦市场中的止损点、跟踪止损和赢利目标和欧元区所使用的指标就不一样，这很正常。

第 2 章

逆向操作战胜对手

成为零和博弈的最终胜利者

The Little Book of Trading The Little Book of Trading The Little Book

套期保值者利用期货交易来转移风险，在这场零和博弈中，他们是赢家吗？换作趋势交易者会怎么做？在一个投资者只关注低买高卖的世界里，疯狂的趋势交易者为何会在价格高到离谱的时候入场？

大部分人认为，成功的交易者都需要在一间大公司里，有着专家博士团队为其做研究。但事实证明，顶尖趋势交易者单凭自己的力量就可以赚得盆满钵满。

戴维·德鲁兹：天赋异禀的常胜将军

战术投资管理公司（Tactical investment management）

　　成立于1981年，是世界上运用趋势跟踪程序最久的投资公司，公司最大的优势是拥有最长时间的商品交易跟踪记录。创始人德鲁兹曾从事医生与交易员双职业，到后来全身心投入交易，公司很少出现亏损的年份，在10年里累计收益达到257.86%。

2

市场会有上升，也会有下跌，有时候市场
还会崩盘。在市场崩盘的时候，正是趋势交易
者获利的时候。

作为一名趋势交易者，戴维·德鲁兹涉足交易 30 多年。与本
书中提到的很多人一样，他不是一开始就拿着上百万资金去投资。
在我们交谈的过程中，他很肯定我了解他的一个重要见解，这也
许是他能够成功最重要的原因。他认为，生活是不公平的，不可
能每个人都成为赢家。事实上，市场就是由成功者和失败者所组成。
德鲁兹有充分的证据证明：你的成功必定是以其他人的失败为代
价。这话听起来刺耳，但请保持你的判断力，这样的例子数不胜数。

你有一个校友叫查理，他是当时大学兄弟会的成员。假设 20
世纪 70 年代，你正在伊利诺伊大学香槟分校学习。这个哥们以
2 000 美元起家，一年后这笔钱变成了 50 万美元。查理似乎在交易
方面非常擅长，而且无所畏惧，你是否会好奇他是如何做到的?

大学毕业后，查理每个周末还会回到学校去看望他的女朋友。
他的口袋里总是装着大把的钞票，在大学酒吧里一轮接着一轮地

请大家喝酒，兄弟会的哥们都很喜欢他。难道大家只对他花了多少钱来买桶装啤酒感兴趣吗？难道没有一个人想知道他是如何取得成功的？

戴维·德鲁兹就很想知道他成功的方法。他对查理死缠烂打，并最终通过查理谋得了第一份工作。德鲁兹的暑假都献给了芝加哥商品交易所，即如今的芝加哥商品交易所集团。他在一家经纪公司的研究部门实习，工作内容相当乏味，成堆的文件等待处理，而且跟底楼那些赚大钱的事情毫无关系。但是他对成功的强烈欲望，使他坚持了下来。

德鲁兹学的专业是计算机编程，这使得他有机会到经纪公司去验证自己的编程思路。他有个测试交易的思路：如果你总是在这个点买入、那个点卖出，那么会发生什么事情？很快德鲁兹就开始利用暑假的时间着手建立他的第一个趋势跟踪模型，他把这些模型称为"系统"。

德鲁兹沉醉在自己的世界中，很喜欢这种两耳不闻窗外事的生活。你能理解这种感受吗？他获得的所有信息都是芝加哥商品交易所里的交易者口口相传的股市经验。那时的传闻都跟"大周期"（the big cycle）有关，人们谈论的话题就是 4 周的周期、6 个月的周期，如此等等。令人吃惊的是，40 年后的今天，在 CNBC 的屏幕上和大大小小的互联网聊天室里，同样的话题还在继续。

德鲁兹不久后就指出周期是不存在的，那些在每日财经新闻中夸夸其谈的家伙和趋势预言家都是胡说八道。虽然德鲁兹认为不存在持续的周期，但他仍然不会对未来做出假设。他会倾听人们的观点，然后回应道："我要对此进行验证，看这是不是事实。"就这样，他开始涉足交易系统的测试工作。

测试一个交易系统意味着又一次建立买卖规则。一旦你建立了那种规则，你就要接受市场价格。无论是苹果电脑、白银、石油还是黄金，你要对这个市场进行测试，以便判断你的买卖规则是否能帮你赚钱。

虽然德鲁兹很热爱这份与市场交易有关的工作，但为了保险起见，他还是去读了医学院。不过德鲁兹会利用假期的时间到经纪公司打工。对他而言，医学很有趣，但市场才是能让他全身心沉醉其中的地方。

德鲁兹并不是个有钱人，他唯一的资产是父亲给他那价值 5 000 美元的股票。德鲁兹把这笔钱变现后存入了自己的户头。与此同时，经纪公司为他提供了一份全职工作，也就是说，他必须从医学院退学，全心为经纪公司工作。公司为德鲁兹提供的启动资金是 50 000 美元，这在 20 世纪 70 年代是很大一笔钱。

一个有点喝高了的朋友告诉德鲁兹："戴维，不要接受那份工作。你可以成为一个优秀的交易员，但如果你接受了这份工作，你就永远都成不了伟大的交易员。你得有点积蓄应急，你没有闲钱可以拿去做交易。先完成医学院的学业，做一名医生，然后你才可能成为优秀的交易员。"

你觉得这些话有道理吗？或许刚开始看不出来，但这是德鲁兹听到的最明智的建议。多年来，德鲁兹看到很多人拿着自己的保命钱去交易，也就是说他们会衡量这些钱对他们的价值，如可以买辆新车、买套西服或娶个妻子等，不会去遵守交易计划的严格规定。投资初期，"不要辞去你的全职工作"也是一个重要的成功箴言，请把这句话写下来，贴到你的书桌上。

德鲁兹拿着 5 000 美元开始了他的交易生涯。刚开始的成绩并不理想，他的户头一度只剩下 1 500 美元。那时候，他的投资事业跌入了谷底，通过交易取得成功的想法开始淡出他的脑海。

后来德鲁兹收到经纪公司的一条信息："你还没清盘呢。"德鲁兹回复道："我已经退出了，我破产了。"经纪公司的答复："不是这样的，你还有一笔 GTC①，现在都涨停了。"于是德鲁兹又回到了市场！显然上帝不允许他放弃，德鲁兹对此坚信不疑。

或许你有时候也会这么想："要是能再给我一次机会的话……"当下一次机会真的降临时，你必须愿意重返市场，再玩一次，不要去想第一次的不愉快经历。你从新的机会中可以学到一些东西，请留意这些机会带给你的启示。

争当金融怪杰的开山弟子

亲自做过几次交易后，德鲁兹开始有点得心应手了，这也引起了其他医生的关注。1981 年，德鲁兹创立了自己的第一只趋势跟踪基金，这仅仅是因为医院的其他医生也想试着做点交易。

然而，德鲁兹已经开始厌倦忙乱到连正常的睡眠都无法保证的急诊室生活！他面临着事业发展方向的选择，所热衷的是市场交易，知道自己长期的事业方向在那里。于是在以个人投资者身份干了 9 年之后，德鲁兹终于在 1991 年辞去了医生的工作。

虽然没有经过正规培训的德鲁兹有着不错的业绩，但他还是想找一位导师。德鲁兹曾经读过《金融怪杰》(*Market Wizards*) 这本书，视埃德·塞柯塔为偶像。塞柯塔因在 20 世纪 70 年代时培养了很多一流的趋势交易者而闻名天下。

---

① good till cancelled，撤销前有效订单。

《金融怪杰》中提到塞柯塔居住在塔霍湖附近，幸运的是，有一天德鲁兹也正好在塔霍湖附近。那天他走进一家 7-Eleven 便利店查阅电话簿，塞柯塔的名字赫然在列。德鲁兹记下了他的电话号码，然后登上了返程的飞机。

后来德鲁兹终于鼓起勇气给塞柯塔打了个电话，塞柯塔接到电话。他们简单地交流了一下有关交易的看法，塞柯塔说道："发些你的交易记录给我，一周后再给我打电话，那时我们再详谈如何？"

德鲁兹放下电话后就开始拷贝交易图表，图表中记录了他买入和卖出的价位以及最初设置的止损点。他将这些图表用快递寄给了塞柯塔。

一周后，德鲁兹给塞柯塔打了电话，塞柯塔根本不记得上次的谈话。他说："跟我谈话的人太多了，我无时无刻不在谈话。"德鲁兹答道："是你让我把交易记录发给你看，然后再给你打电话的！"

德鲁兹有点懊恼："埃德，看一下你的书桌，有没有发现一个快递的信封？""是的，我看到了。""你拆封过吗？""没有，我还没打开呢。""好吧，那就打开它。"德鲁兹感到很伤心，为了准备这些交易图表，他连续熬了两个通宵。塞柯塔终于开始看这些图表了，然后他说道："哦，很有意思。我明白你想干什么了。你的交易风格跟我的很像。但还有几件事你没搞明白，来做我的徒弟怎么样？"

这不禁让人想起《星球大战》里尤达大师忠告天行者卢克的场景："要么做，要么不做，没有试试这回事。"

于是德鲁兹成了塞柯塔的第一个正式弟子。

这是德鲁兹无法忘怀的一段人生经历。德鲁兹视塞柯塔为天才，不仅敏捷机智，简直可与爱因斯坦或莫扎特齐名。我也曾和塞柯塔有所接触，因此我知道德鲁兹为什么这么崇拜他。

塞柯塔可以把你完全看穿。在他面前，你将失去任何防御机制。大多数人在生活中都有一套用于自我保护的机制，但在塞柯塔面前请忘掉这些东西。他让你感觉就像没穿衣服一样，这是对心理的严峻考验。德鲁兹刚开始对此也感觉非常不舒服。

但与塞柯塔的相处给了德鲁兹信心。你曾经也有过四处求助的经历吗？即使已经取得了很大的成功，还是想给自己找一位导师？

学习是永无止境的。不断发现新事物，尤其是从他人那里获得一些心理上的发现，是一个真正的趋势跟踪赢家的品质特征。

用逆向操作战胜套期保值者

长期趋势跟踪的业绩纪录靠的不是运气。如果这些业绩纪录只是纯粹的意外事件，那么德鲁兹也不会接受客户委托进行交易了。

他认为，趋势交易者具备一种回归常识的优势，其原因可以追溯到他早期在经纪公司接受的培训。趋势交易者试图从套期保值者那里获得风险溢价。应该怎么来理解这一点呢？

> 套期保值者（hedgers）：某类型的市场参与者，他们通常持有某个市场的头寸，试图以此来抵消持有相反头寸所招致的风险暴露。目的就是将有害的风险暴露降至最低。投机者，即趋势交易者替套期保值者承担了风险。

投机者接受期货市场中的风险，其目的在于从套期保值者竭力避免的价格波动中获利。

套期保值者做期货交易是为了转移风险。出现不利的价格波动时，套期保值者可获得补偿。

什么是期货？

期货（future）：一般是指在未来某一时候就某种特定商品或金融商品以固定价格在期货交易场所达成的合约。期货合约详细规定了标的资产的质量和数量，为了方便期货交易，对这些资产进行标准化。

商品期货交易委员会（CFTC）是美国期货行业的监管机构。有些期货交易要求进行资产的实物交割，另一些期货则要求以现金交割。"期货合约"和"期货"实际上指的是同一件事。

从长期来看，套期保值者在期货市场中是净亏损的，德鲁兹的趋势交易法正是基于这一点赢得风险溢价。

趋势交易法的理念是强买（买高不买低）弱卖（价格下跌时卖空），这与套期保值者的行为风格正好相反。作为一名趋势交易者，让你赚钱的交易笔数会相对较少，但平均而言，每一笔交易赚到的钱会更多。当价格的上涨或下跌超过预期，即一旦大的趋势形成时，你的交易就能赚钱。

你可以清楚地知道一名彻底的套期保值者何时会从多头转为空头，或从空头转为多头。大的波动到来时，他们总是站错队伍，其中的主要原因就是：套期保值者与投机者不同，他们是在利用市场保护自己。德鲁兹认为这是完全有道理的，还认识到真正的交易机会就是将套期保值者的亏损资本化。套期保值者的工作就是转移风险，为公司锁定营业利润。他们的目的并不是在期货市场中赚钱，而是要利用期货市场让他们的业务高效地运作。

你永远都不应该忽略这个事实：期货市场就是一个零和游戏，即每一个成功者背后都对应着一个失败者。你要赢，就得有人输。令人震惊的是，很少有人想过这一点。如果你始终保持与套期保值者相反的逆向操作，而且能很好地管理资金，即不把全部赌注都押在一笔交易上，你就具有一种数学上的优势，从而保证长期的赢利。始终如一地坚持这种策略，你就能获得不菲的收益。

进行与套期保值者相反的逆向交易，不用刻意为之，德鲁兹很自然地成了一名趋势交易者。这与那些专门设计用于捕获趋势的交易系统形成了鲜明对比。本书中多数章节都把它视为一种成功的方法。

趋势跟踪的双塔奇兵：投资组合的选择和权重

趋势跟踪不是什么高深的东西。你也可以做一名趋势交易者，但有一点必须引起你的重视。在进行趋势交易时，一个经常被忽视却非常重要的东西是投资组合的选择和资产组合的权重。我们来看看最近几个市场的情况。

棉花期货是过去几年里最令人振奋的市场之一。现在我们假设你的投资组合中只有一个市场，而你恰好选择的是棉花。在棉花期货市场中，不论你采用哪种趋势交易系统都能赚钱。但假设你选择的是可可（cocoa）期货，在这种情况下，你能想到的任何趋势交易系统都赚不到钱。这时成功完全取决于你选择的是哪个市场。

多年来，很多系统交易者向德鲁兹寻求帮助。他们会把交易记录发给德鲁兹："这是我采用的交易系统，你能给我些建议吗？"德鲁兹总是会先看他们是在哪个市场中交易，然后马上就能看出他们是不是考虑了投资组合的选择问题。

很多投资者完全忽视了投资组合选择的重要性。你可以制定一些规则，把上千个市场的选择范围缩小，将你的投资组合选择限制在一个便于管理的范围内。

关于投资组合的选择，最应该注意的问题是什么？一种普遍的心态认为应该给予每个市场相同的权重。事实并非如此，这么做是行不通的。这是德鲁兹从塞柯塔身上学习到的经验。

> 埃德·塞柯塔曾经做过一笔德国长期国债的交易，当时他决定继续增加头寸。于是德鲁兹对他说："埃德，你已经买过了。"塞柯塔惊讶地看着德鲁兹，就好像他是从月球来的一样。德鲁兹继续说道："现在你可以进行一些多元化的投资。你不会想全部都选择互相关联的投资产品吧？"塞柯塔十分清楚这一点，但还是充满睿智地说："德国长期债券是目前行情最好的市场。"
>
> 德鲁兹说："我认为我们应该再买些美国长期国债，进行多元化的投资。"塞柯塔并没有看到这么做有什么道理。他把德国长期国债视为当时最好的市场，并说还要继续做的交易是德国长期国债，而不是美国长期国债。

这不是要你把所有鸡蛋放进一个篮子，我想说的是，你完全没必要赋予每个市场相同的权重。

小人物也可成为这场博弈的赢家

要成为一名成功的趋势交易者必须依靠一家大公司吗？甚至说你真的需要一家公司吗？很遗憾，大多数人都认为要想获得成功，你需要拥有一支由数百名博士组成的研究队伍，或者一家设在伦敦或纽约等金融中心的大公司。可事实绝不是这样，德鲁兹有确凿的证据表明，大公司不一定就能产生大利润。

以埃德·塞柯塔为例。德鲁兹提到，塞柯塔并没有自己的研究团队，但是他打败了大多数的竞争对手，这些事情他一个人就能做到。如果你做的是短线交易，或者你有一个经验丰富的博士团队，情况就完全不同。也许针对不同的交易策略，你确实需要一支博士大军，但在此我们不针对这些策略展开讨论。

在一个投资者只关注低买高卖的世界，某些趋势交易者只会在价格高到离谱时才选择入场，你可以认为这时买入简直是发疯。过去100年中，这种心态几乎违背了任何一条华尔街的共识，但这让德鲁兹只要坐在太平洋对岸的夏威夷家中就能发大财。

你不需要一个千人博士团帮你按照趋势交易法则赚钱。千万不要认为没有所谓的良好背景和学位，或者没有庞大的团队，你就不能成功。作为一名交易者，你的目标就是总能从这个游戏中赚钱，而实现这一目标的最佳方式就是尽量不要让自己被踢出局。德鲁兹的经验表明，小人物也可以发大财。

投资大师的建议

　　刚开始设计你自己的交易系统看起来是一件很复杂的事情。假如你要设计一个能够利用长期趋势的系统，一旦你将投资组合选择与资产管理策略进行整合（非常重要），你会惊奇地发现，你所选择的系统以及该系统的参数，长期来看通常是无法帮你做出交易判断的。一些交易系统的表现确实要强于另一些交易系统，并且选择某系统内的某些变量会影响系统的表现。

　　最重要的是，一旦确定了某个系统的算法和参数，就必须准确严格地按照这个系统来进行交易。不能今天用明天不用，也不能事后再去抱怨这个系统不好。变量值不可更改，参数也不能随意地改变。一个健全的系统可长期适用于多种不同的市场条件。

　　适用于任何市场的趋势交易理念为数不少，但其缺点如下：由于趋势跟踪的交易数据并不是曲线拟合的，因此，存在很大的不稳定性，并不能完全适合某个特定市场或市场行情。长期来看，利用这些理念确实能从市场中榨出一些钱来。

　　你要关注的是如何分散投资组合的风险，在每个市场中应该承担多少风险，做多少笔交易，这些才是最重要的。如果你有很好的资产管理能力，那么尽可以忽略这种不稳定性，因为你很清楚它与亏损风险并无相关性；相反，你还可以利用这种不稳定性获利。

第 3 章

在刀锋上跳舞

无畏亏损，缔造高额回报传奇

2008 年，雷曼兄弟的破产引爆金融危机，处处人心惶惶，但就在同一时间，马尔瓦尼的年收益率竟然超过了 100%。他是如何做到的？马尔瓦尼 75% 的交易都是亏损的，高额回报从何而来？

马尔瓦尼一直以一种高调、强硬的姿态在攫取财富，毫不掩饰内心对赚钱的渴望。正如他说："亏损不可怕，要的是打出一记漂亮的全垒打。"

保罗·马尔瓦尼：高调的财富攫取者

马尔瓦尼资本管理公司（Mulvaney capital management）

1999 年，在伦敦成立的一家商品交易顾问公司，目前管理的资金规模为 1.85 亿美元，自成立以来平均年收益率为 19%。曾荣获"管理期货巅峰奖"（the managed futures pinnacle awards）的"熊市最佳交易"以及"最高收益"奖，这是管理期货领域最具权威的奖项，由芝加哥商品交易所和巴克莱资本管理公司共同设立。

3

在使用交易系统时，要遵守交易原则，交易系统是你的指挥官。长期的规行矩步，必会胜算在握。

保罗·马尔瓦尼的毕生目标就是赚尽可能多的钱，目前他正朝着正确的方向前行。马尔瓦尼是一名杰出的趋势交易者，在2008年的收益超过了100%，我敢打赌他未来几年的收益还会更多。他的交易理念对那些依然怀有发财梦想的读者来说非常有用。

以棒球为例，我们花钱买票就是为了一睹本垒打击球手的风采。一记本垒打，球飞到500英尺外的二层看台上，这样的场面人人都不愿错过。即使你对棒球一无所知，看到球被高高地击向蓝天还是会心生敬畏。

交易也是如此。赚尽可能多的钱，这个想法激发着我们的想象力。所有人都想发财，尽管有些人死不承认。在今天的文化当中，想发财是一种容易引起他人不悦的想法，尤其是当你赚到的钱比邻居多时。这种想法无法阻止保罗·马尔瓦尼的步伐，他在2008年9月和10月的收益率分别为11.6%和45.5%，而同一时间雷曼兄弟的破产把每个人都吓得魂飞魄散。本垒打？
这么描述马尔瓦尼的表现也太轻描淡写了。经我鉴定，他是以
一种高调、强硬的姿态在攫取财富。马尔瓦尼是趋势交易者吗？
这一点毫无疑问。

他的交易战绩是对流行观点的一种挑战，外界认为以数学模
型为基础，建立在历史图表和趋势上的交易是赚不到钱的。2008
年马尔瓦尼的年收益率超过了 100%，面对这样的成绩，你肯定感
觉不爽，就像被人掐住了脖子一样。他到底是如何做到的？

获取高额回报的 14 个交易精髓

20 世纪 70 年代末期，只有十五六岁的马尔瓦尼开始接触计
算机编程。小时候的编程经历培养了他的系统化思维，这对他
读大学和后来进入商界都有影响。起初，他一边供职于美林证券，
一边对趋势交易展开了深入研究。后来离开美林证券自己创业
的时候，马尔瓦尼已经基本设计出了趋势交易系统，并一直沿
用至今。

他成为趋势交易者的原因很简单："其他趋势交易者可以成功，
我也一样能做到。"从那时起，马尔瓦尼就开始用亲身经历去验证
他们的成功和技巧。只不过他研究得更加深入，马尔瓦尼将自己
的想法与其他趋势交易者的成就进行对比，以此来分析和验证自
己的想法，这就是为什么他能够如此成功的原因。

马尔瓦尼尽可能从其他人成功获利的趋势交易中发现有价
值的东西，但这不过是一些零碎的信息，那时他的脑子还没有
形成太多有关趋势交易的全面信息。马尔瓦尼利用他的教育背

景开始编写一些模拟交易软件，类似今天常用的程式化交易软件 trade station。这并不是他最擅长的，他一直接受的是编程训练。

建立一个简单的趋势跟踪模型，并对该模型进行验证并不是一件难事。了解到那些大型的趋势跟踪公司长期都在赚钱，而且它们使用的趋势跟踪策略都是大同小异的之后，马尔瓦尼确立了自己的努力方向。无数个创业故事都跟通道突破的发现有关，马尔瓦尼也不例外。他总是能在预先设置好的止损点位置离场。任何情绪性的东西或突发事件，哪怕是像日本大地震这种极具冲击力的事件，都不能让马尔瓦尼推翻他的交易系统。

马尔瓦尼进入市场的方法很简单，重要的是之后发生的事情。你应该花大量的时间为即将发生的事情做好准备。如计算一下你愿意为每笔交易承担的风险，如何才能让那些大赢家离场，这些才是至关重要的问题。

我很快就从马尔瓦尼那里学到了一些重要的原则，同时也吸取了一些教训。这些观点与某种特定的线性顺序无关，是有待我们消化理解的难题的重要组成部分。

1. **别怕在小规模或不起眼的市场中交易**。橙汁市场又怎么样？大胆去做吧。趋势跟踪策略照样有效，你一样能赚到钱。

2. **争取利用每一轮能够帮你赚钱的趋势**。你必须为每一次交易设定止损点，这样你就能清楚地知道自己能承受多大的亏损。如果趋势开始对你有利，那么在它发生逆转之前不要离场。不要对趋势能够持续多长时间进行预测。你不用去管趋势的持续时间，谁都不知道一个趋势能走多远。你唯一知道的是当市场开始波动后，总有一些你无法理解的力量在起作用，不要问"为什么"。

3. **在上涨或下跌的市场中追求绝对高收益。** 你的目标是在多元化的市场中，通过做多或做空从各种市场环境中获得收益。

4. **市场从一种状态转换成另一种状态的方式并不是呈直线运动的，总有一些震荡和波动。** 你得学会处理这些令人不安却又不可避免的事件，长期存在波动却一直能产生丰厚回报的商业系统还是有很多的。正如马尔瓦尼所说："我们有足够的理由相信圣诞老人的存在。"

5. **你的趋势跟踪法要具有广泛的适用性。** 你希望这种方法能够持续有效，那它就不能依赖任何一组独特的市场特征。趋势跟踪的稳定性和波动性是密切相关的。击败对手和保持稳定的能力是你能够在市场中壮大和生存的主要原因。

6. **因为趋势跟踪具有超高的绝对收益，所以你应该去做趋势跟踪。** 尽管有这么多的证据，但是要许多人接受趋势跟踪还是很困难，他们喜欢说趋势跟踪是幸运的。如果你的朋友、经纪人或导师不明白这一点，那么也没关系。除非他们像你一样做过同样的功课，否则你别指望他们会明白。

7. **仅根据基本面来做交易，这可能会让你亏钱。** 你能搜集到全球市场所有的经济数据吗？关注正在发生的事情而不是可能发生的事情才是最重要的。趋势跟踪关注的正是此刻正在发生的事情，是一个非常务实的策略。不要忘了约翰·梅纳德·凯恩斯（John Maynard Keynes）的名言："市场可能长期处于不理性状态，如果你想跟它赌拐点的时机，那么必死无疑。"

8. **永赚不赔的交易系统是不存在的。** 这就像很难评判哪一场高尔夫球或网球比赛是完美的一样。你能做的只是将两个人在比赛中的表现进行比较，但这没有一个绝对的答案。一些交易能够让你获得巨额回报，另一些交易的回报则很有限，这是你必须做出的选择。

9. 你应该做一些长线交易，捕获持续周期超过 1 年的趋势。我可以很明确地告诉你，趋势交易者不应该做过多短线交易，因为长线交易可以避开短线交易在市场中固有的不确定性。

10. 不要急于将赢利兑现。这话的意思是，如果市场在上涨，不要认为自己已经赚到了足够的利润就想离场。只有市场达到你的止损点时，你才可以离场。理论上说，在每一笔交易中，急于将收益变现会限制你所希望看到的无限上涨潜力。

11. 要坚守交易规则。如果你在使用某个交易系统，又经常违背该系统进行交易，那么实际上你是抛弃了过去 30 年里所有趋势交易者进行的非常有价值的统计研究成果。

12. 有波动才能赚取利润。作为一名投资者，你当然不希望看到账户资金缩水，但要完全避免这种情况发生也是一种很荒谬的想法。实际上你不应该害怕交易的波动性，真正让你感到恐惧的应该是那些承诺能每月都让你赚钱的交易。这种交易策略一旦崩盘，会让你有如梦初醒的感觉。

13. 严格遵循你的交易系统比该系统的具体内容更重要。要面对这个世界的人是你，而不是你那帮在聊天论坛中互相怜悯的朋友。

14. 用大利润弥补小损失。马尔瓦尼的趋势交易在 54% ~ 55% 的时间里都是赢利的，但赢利的交易只占全部交易的 25%。很显然，与那 75% 的失败交易比起来，这 25% 的交易有着更强的赢利能力。许多交易者听到这个数字都难以接受。如果他们再深入一些，就会发现边际利润。

只有傻子才会去预测涨跌？

打开 CNBC，你每天都能看到财经评论员在喋喋不休地对市场进行预测。他们的预测都是正确的吗？难道我们自己就不能进行预测？计量经济学研究人员曾经试着对几十年后的市场走向进行预测，结果却是屡屡失败。最终他们是否得出了"只有傻子才会预测未来"的结论？我并不这么认为。这种对未来市场趋势的预测永远都不会停止。

从完全不同的哲学立场来看，趋势跟踪策略建立在意外，而不是各种预测之上。如果你的交易策略存在让人惊喜的意外事件，而且你一直把趋势预测看成一种愚蠢之举，那么你应该放宽心，让市场按照自己的规律运行。

这也就意味着要对有效市场假说说"不"。市场显然是无效的，因此，趋势交易者才能够运用非常简单的趋势跟踪法则，在数十年的时间里赚到丰厚的利润。

如果多数交易者在使用大致相同的趋势跟踪交易技巧时，都能够长期获得成功，那么这只能说明市场是无效的，聪明的投资者和交易者应该对此加以利用。

在我的第一本书里，谈到了许多顶尖的趋势交易者，如约翰·亨利（John Henry）、比尔·邓恩（Bill Dunn）、基斯·坎贝尔（Keith Campell），以及米尔本·里奇菲尔德（Millburn Ridgefield），他们都是对马尔瓦尼产生过影响的早期趋势交易者。他可以对他们进行研究，见证他们的成功，然后进行自我激励。毫无疑问，这些人使马尔瓦尼相信自己也能成为一名成功的趋势交易者。

然而马尔瓦尼并不认为自己站在了趋势跟踪技巧的最前沿，因为趋势跟踪本来就没有最前沿的技巧。他承认他的交易系统已经过时，你也应该持有同样的观点。让我们再来看看他的几个重大原则：

◆ 价格是随机变量。也就是说，如果有人问你在做什么交易时，你可以这样回答："我不知道，我对所交易的对象一无所知，不过是一个数字而已。"

◆ 你完全无须了解基本面的情况。你是一个数据挖掘者，客观或感性地看待数据是为了找出赢利之道。就像版图游戏"风险战争"一样，交易就是一场数字游戏。

◆ 在达到你的止损点之前，要做好面临适当风险的准备。如果你的手中同时持有很多头寸，那么你的账户余额每天、每周或每月都会发生波动。因市场崩盘而赔得精光的概率也是有的，但要想获得回报，你必须冒点风险。

◆ 回顾一下 2008 年 9 月和 10 月的情形，马尔瓦尼的大部分收益来自其持有的股指期货空头头寸。谁是股指期货市场中的长期玩家？在那段时间里，只能是趋势交易者了。

马尔瓦尼甘愿冒全部的风险获得丰厚的回报。他是如何做到这一点的呢？

我们来观察一下他多年来获利最多的前 10 笔交易（见表 3.1）。从该表中，我们可以看出不错过每笔交易有多么重要。他从某些大趋势中赚到利润的一部分就能抵上你全年的获利。

表 3.1　马尔瓦尼获利最多的前 10 笔交易

交易项目	做空/做多	开始时间	结束时间	收益率
利　率	做多	2000 年 11 月	2003 年 5 月	66.57%
外　汇	做多	2000 年 2 月	2005 年 11 月	50.47%
铜	做多	2003 年 9 月	2006 年 5 月	44.64%
石　油	做多	1999 年 6 月	2000 年 10 月	29.18%
谷　物	做多	2007 年 5 月	2008 年 2 月	28.34%
股　票	做多	2005 年 5 月	2007 年 2 月	26.63%
股　票	做空	2008 年 9 月	2009 年 3 月	25.31%
贵金属	做多	2005 年 11 月	2006 年 4 月	23.08%
天然气	做多	2000 年 3 月	2000 年 12 月	21.05%
股　票	做空	2000 年 9 月	2003 年 3 月	16.06%

资料来源：www.mulvaneycapital.com。

摒弃主观臆断，让数字帮你赚钱

我并不是想说交易是一件很简单的事情。话说回来，生活中有多少事情是很容易的？但只要你能在任何情况下都严格遵守你的策略，并轻松驾驭它，你就会获得真正的自由，可以不被著名财务顾问苏丝·奥尔曼（Suze Orman）和商业大师戴夫·拉姆齐（Dave Ramsey）那些有关减少信用卡债务、如何为你的住宅进行债务融资的理论所困扰，搞得自己无法自拔。这样的建议怎么可能对数百万人都有效呢？

即便如此，在错误的时间抛弃遵循的交易系统从而导致悲剧的发生，这样的故事还是时有耳闻。总听到这些人说："要是我能坚持到底就好了！"

但事实上他们并没有这么做。有时候，当他们做出偏离长久坚持的交易系统决策时，已经意味着他们交易生涯的结束。当你沿趋势交易的道路前行时，坚守原则是一个重要的因素。

我可以举个例子来说明这个问题。马尔瓦尼遭遇的最大危机出现在 2007 年的 7 月和 8 月之间，这段时间他经历了连续两个月的巨幅下跌，资产缩水高达 42%。后来他又回到市场，重新检视之前的每一步操作。他检查了每一步可能导致失误的操作，考虑了所有的假设情况，但最终得出的结论：这个交易系统是有效的。

马尔瓦尼进行的其中一种测试是，在一系列不同的杠杆率水平下重新运行他的交易结果。马尔瓦尼高超的管理杠杆能力是众所周知的，即便在使用很多杠杆的情况下也是如此。

马尔瓦尼很客观地提出了一个问题：如果他以高于或低于实际操作中所运用的杠杆率进行交易，那么会出现什么情况？他发现，如果使用的是比实际更低的杠杆率，那么在危机期间他的资产缩水会更加严重，即造成更大的亏损。

这样看起来很直观，对吧？所以要坚持你的判断。

2007 年 8 月，马尔瓦尼的账户资金缩水到最严重的程度，总共亏损了 42%，就在这时市场进入了一个黄金点位，他又开始获利。到 8 月底的时候，他已经赚到了一些钱，爬出了资产缩水的泥潭。

理论上说，在较低的杠杆率下，进入新的黄金点位后他能够挽回的亏损应该要少一些，而实际上他的交易系统本来应该导致更大的跌幅。但实际上它不仅挽救了你，还让你赚了点钱。

2007 年还有一个有趣的教训。如果你不知道 2007 年、2011 年以及之后的时间有什么关联，我只能说你并没有弄明白我所讲的趋势跟踪。

这一年对马尔瓦尼来说，表现最为优异的是加元市场，表现最糟糕的是澳元市场。如果你把它们的交易图表张贴到墙上，通过仔细观察，那么你会发现它们之间存在高度关联性：上涨、下跌、拐点都在同一时间发生。实际上，这两种货币在大部分时间里都是适度相关的，但澳元在这段时间内的波动很剧烈，不太能赚到钱。

从趋势跟踪的角度来说，澳元是在持续走低，这时只能止损离场，然后在澳元回升后重新入场。这种情况不断反复，导致无数次小幅亏损。分析一下现状，而不仅仅考虑自己知道的信息是值得的。因此，保持客观，让数字帮你赚钱吧，主观分析不会让你成为最终的赢家。

系统没喊停绝不离场

很多人将风险和波动混为一谈。他们认为像马尔瓦尼的系统那样，趋势跟踪系统的丰厚收益蕴含着比现实高出很多的风险。

实际上，接受趋势跟踪带来的更高风险能够降低你的股票和债券投资的风险，这是因为当趋势跟踪出现急转时，一般的股票和债券投资产品也会发生转折。不过要让人们接受这个概念并不容易。

破产风险，即承担了过多的风险导致你没有多余的资金进行投资，这应该是你坚守的底线。以马尔瓦尼为例，只有当他的账户资金减少到某一个点，以至于他无法使用投资策略时，他才会停止运用交易系统进行交易。因此，破产风险是一个真实点位，在这个点位上，马尔瓦尼的交易系统指示他不要在任何市场中进行交易。

交易赢家确信，交易系统的价值就在于它让你能够持续地进行交易，直到你身无分文为止。得到的结论是什么呢？只要你能避免崩盘，你可以利用你的趋势跟踪系统一直交易下去，这是致富的唯一方法。当然，你也可以发明下一个 Facebook，这是另一种选择。

投资大师的建议

听听我和马尔瓦尼的对话，从中你会发现是什么成就了一个万人追捧的投资高手。

卡沃尔　你所说的最终财富（Terminal Wealth）指的是什么？比尔·邓恩已经快80岁了，但是他并没有降低对高额回报的追求。趋势跟踪的传奇人物理查德·唐奇安（Richard Donchian）直到90多岁还在做交易。随着年龄的增长，你会怎样理解你的交易？你认为将来某一时刻你会改变追求绝对回报的想法吗？或者还是会说："你知道吗？我已经46岁了。这就是我喜欢的，也是我想做的事情。我要尽己所能，完成人生中最漂亮的本垒打。"

马尔瓦尼　没错。为了完成这最漂亮的本垒打，就要不断地坚持下去，即便我的资产全都赔光了，那也没什么。我会对自己说："还行吧，至少以前表现还不错。"我曾经在一年里获得超过100%的收益率，这样的事情发生过两次。当然，如果我赚得太多，那么自然会有亏损的时候。假如真发生这样的事情，我对这个职业也没有什么不满意的。

卡沃尔　我曾经和一家有着30年操盘历史的公司交流过。这是一家很成功的公司，他们会满足客户的愿望，那就是争取较小的波动性，但这家公司的老板却说："如果用自己的个人账户来交易，那么我们的目的并不是为了降低波动性而争取较少的收益，相反，我们追求的是丰厚的回报，做交易就是为了获得趋势跟踪的绝对回报。"

马尔瓦尼 我就是这么做的。与为客户操盘相比，大多数优秀的操盘手在用自己的资金进行交易时愿意冒更大的风险。

第 4 章

不按规矩出牌

用新规则打败华尔街老套路

布鲁斯是一个敢于创新的天才。在他 15 岁的时候通过什么有趣的交易赚得人生第一桶金？他自学趋势跟踪系统，在华尔街立足，并最终战胜了华尔街，但说到成功的秘密武器，他却否认这一切与华尔街有关。其中的原因是什么？保守的银行为何会放纵这位敢于冒险的操盘手用趋势跟踪做交易？

凯文·布鲁斯：战胜华尔街的创新天才

凯文·布鲁斯

布鲁斯现已退休。他曾在 Signet 银行工作，这家银行后来被美国第六大银行第一联合收购。他在银行用趋势跟踪进行交易并获得不菲的收益，曾管理约 8 000 万美元的银行资产，通过趋势跟踪程序在 1996—2000 年的平均收益高达62.67%。后来他脱离银行，接受客户的委托，每年可以保证有 30% 以上的年收益率。

4

在交易中，承受风险的资本金，只能是全部资金组合中的一部分。若风险资本太大，则投资者的客观性就会因恐惧急速萎缩。

1994 年，我在纽约的所罗门兄弟公司（salomon brothers）面试一个交易员的职位。当时的所罗门兄弟依然非常强大，我仍然记得在世贸中心 7 号大楼顶层那个巨大的交易大厅（毁于"9·11"事件）。那时候我还从未听说过趋势跟踪，而它却似乎是当时能赚到大钱唯一的交易策略。

你完全不必身穿裁剪得体的西装，正襟危坐于纽约、伦敦或芝加哥的摩天大楼里做交易，凯文·布鲁斯就是个活生生的例子。布鲁斯来自乔治亚州的一个小城镇，祖辈从未与华尔街发生过任何联系，但他不仅在华尔街成功立足，还最终战胜了华尔街。我们来回顾一下他的成功之道。

布鲁斯大部分时间都在弗吉尼亚州里士满市的一些偏僻安静的地方度过。他每周为当地的基督教青年会工作 6 次，一直开的是 1996 年款的福特皮卡车。如今布鲁斯的净资产价值 1 亿美元，但他更喜欢成为富豪以前的生活。他行事低调，多数人对他拥有的这些巨额财富一无所知。布鲁斯说："我想这说明了我一直在坚持做真实的自己。"

布鲁斯在乔治亚大学攻读金融专业研究生时，开发了他的第一个自动交易系统。根据一笔交易赢利或亏损的概率大小，这个交易系统会告诉他何时应该买入、何时应该卖出，以及买入和卖出的数量。布鲁斯在所有市场中交易，只要你能说得出来的市场，他都会入场交易。难道他对这些市场都非常了解吗？显然不是。身为一名趋势交易者，你的交易方法必须适用于所有市场。你可不能说："我打算在日元市场用这个交易系统，在玉米市场用那个交易系统，在另一个市场再换另一个交易系统。"如果你的交易系统无法适用于所有市场，你就不应该再使用这个系统。

要明白这一点很可能不是一个自然而然的过程。布鲁斯也一样。他于20世纪70年代末进入乔治亚大学修读农业经济学课程，该课程主要面向套期保值者，认为农民在收获期到来前的6个月会尽力保护他们的作物价值。为了让学生们对这门课程感兴趣，老师不得不想一些颇有创意的点子。老师让学生试着持续跟踪一些模拟交易来获得收益，也就是些"我会在这里买入那里卖出"的游戏。

布鲁斯之所以能开发出那套自动交易系统，是因为他想要赢得这场交易游戏。他在这场竞赛中打败了班上的其他同学。他是如何做到的呢？那年年初的时候，布鲁斯的账面上只有1万美元，3个月后就增长到3万美元。当然这些只是虚拟货币，使用的不是真金白银，做交易也不是什么难事，但他所开发的那套趋势跟踪系统非常有效。

有了大学中模拟交易的经验，布鲁斯做了一个决定："为什么我不来点真的呢？"于是 22 岁的布鲁斯就像大多数人那样，到当地的经纪公司开了一个小的交易账户。他再也不用玩模拟交易了，这回用的可是真金白银！

到了年底，布鲁斯通过这些零散的交易将个人资产从 5 000 美元迅速增长到 1.4 万美元，所有的收益都是运用趋势跟踪策略获得的。

布鲁斯认为自己获得了巨大的成功，于是他拿这些钱去买了一把苏丹式躺椅、一台 19 英寸的 RCA 彩色电视和当时他能找到的最大的一组立体声音箱。为什么不呢？我们所有人都希望能大赚一笔，然后好好地挥霍一把。不过现在还不是狂热消费的时候，自由才是我们最终的目标。

虽然布鲁斯早期的交易业绩非常漂亮，几乎将他的启动资金增加了 2 倍，但其实他赚到这 5 000 美元启动资金的方法更值得称道。在布鲁斯 15 岁的时候，他开始从家里自带午饭到学校吃。虽然食堂的饭菜并不好吃，但他只需花 35 美分就能买到一份。

布鲁斯每天都在盥洗室里向其他孩子竞卖他的家常午餐，然后自己去学校食堂吃饭。他每次能通过这种方式净赚 2 美元，真是不错的交易！

在 20 世纪 70 年代末 5 000 美元是一笔不少的钱，而且布鲁斯要用这笔钱交大学学费，所以用这笔钱做交易需要冒非常大的风险。如果他输掉了 5 000 美元，就什么都没有了。

布鲁斯对他的交易研究非常有信心，于是眼睛都没眨一下，就把这笔钱拿去做交易了。实际上，就算布鲁斯真的输掉了这 5 000 美元，他也不会放弃的，因为他对自己有绝对的信心。

伟大的趋势交易者从不轻言放弃。他们会反复练习，不断研究，坚持到底。

交易也可以自学成才

你会自己去学习交易方法吗？你知道要成为一名成功的交易者，自学有多重要吗？布鲁斯掌握的所有交易技能都是自学的。他的成功发迹于乔治亚大学图书馆的地下室，学校里有一些老版《华尔街日报》的微缩胶卷。布鲁斯就在这间犹如土牢的地下室中将各个市场的开盘价、收盘价、最高价和最低价都一一记录了下来。

那时布鲁斯夜里还得去加油站打工，利用清洗汽车挡风玻璃上的小虫和为汽车加油的间隙来思考和做研究。通过这些思考和研究，他已经能够对价格信息进行分析。布鲁斯有一台德州仪器（texas instruments）生产的手持计算器，利用这台计算器，布鲁斯可以整理他从图书馆中搜集的价格数据。

为了能从趋势的波动中获取利润，他找到了一种从数学上定义一次趋势的方法，这就是最基本的趋势交易系统。布鲁斯在之前模拟交易游戏所使用的系统基础上，做了一些轻微的调整。这个系统也是布鲁斯在之后几十年操作真实交易的时候所使用的系统。

敢于冒险的"操盘手"

你没有目标？找不到目标？那么就此打住，把这本书扔到一边，爱干啥干啥去吧。我可不是在开玩笑。

看看布鲁斯是如何成功的。他从来不在意周围的环境，大学毕业后从事第一份银行工作时也是如此。虽然他很早就有了在银行和经纪公司的工作经历，但布鲁斯还是会和公司同事一起吃午饭，因为这就是公司职员的典型生活。

有些人选择棉花交易，另一些人则选择大豆交易，完全取决于他们钟爱的是哪个市场，但这个理由对布鲁斯来说并不合理。为什么你一定得选择一个钟爱的市场？根本没必要这么做！

布鲁斯最早的理想是当一名企业律师，但是做法官的叔叔让他意识到，每周工作 60 小时并不是他想要的生活方式。即便坚持从事律师这一行，你成为律师行的合伙人之前也是赚不到大钱的。布鲁斯暗自想道："这我可受不了。"

越早知道自己想要什么越好。如果你真想成为一名趋势交易者，现在就行动吧。

布鲁斯 22 岁的时候就知道自己想成为一名交易员，但我们很多人从不去想自己想要成为怎样的人。我们从不做决定，一味跟着感觉走，成天指望着天上掉馅饼的好事降临。

即便你已经决定要走哪一条路，一路都会充满艰辛和障碍重重。大学毕业后，布鲁斯进了亚特兰大一间规模很大的银行，但这间银行墨守成规，不愿冒险，不允许他运用趋势跟踪的方法来做交易。

后来布鲁斯换了工作，在北卡罗来纳州的一间小银行里工作了大约 4 年时间，因为这间银行给了他操盘的机会。这样布鲁斯又前进了一步。到了 1986 年，布鲁斯终于在弗吉尼亚州找到了一间可以完全按照自己的想法操盘的银行。他抓住这个机会利用趋势交易赚了不少钱。

拥有一架里尔喷气式飞机、一辆劳斯莱斯汽车或 3 栋海边别墅从来都不是布鲁斯工作的动力，但成长于乔治亚州某小镇中下层家庭的经历，使他对那些从不关注自己生活环境以外的人们有着直接的了解。布鲁斯认为这样的心态无助于他获得一种自由的生活，因此，他决定改变这种状态。

你希望可以不用在老板的命令下工作吗？你希望随时都可以去度假吗？你曾经也渴望自由吗？这才是布鲁斯的动力所在。

从下棋之道悟交易真谛

在研究趋势跟踪和那些伟大的趋势交易者的过程中，我发现游戏发挥着至关重要的作用。布鲁斯大约 10 岁的时候，哥哥教会他下国际象棋。他从下棋中领悟的道理：让你的对手在游戏的早期犯一些小错，你可以在后期加以利用。

布鲁斯曾经获得一次前往纽约参观的机会，在那里他参观了一家大型经纪公司的交易大厅。交易大厅里各种屏幕和灯光多得难以想象，就像《星球大战》中的震撼场景。布鲁斯对自己说："在这样的环境里我无法思考。"

不要在开市后做决策，交易就像一次飞行计划，你必须提前做好规划。在开市后做出的决策都是非理性的，你必须在事前把所有事情考虑周全。市场上涨时该做什么，下跌时该做什么，表现平平时又该做什么，这些你都要非常清楚。把这一切都弄清楚后，你就可以依赖交易系统了。听起来简单，但这就是你要做的，你无须过分在意他人的建议。

假如开局阶段你就吃掉了对方两个兵，接下来你就可以开始跟对方玩"等价交换"，即用象交换对方的象，用马交换对方的马，这样你就为最后的胜局打下了很好的基础。到棋局的尾声，你还有两个兵和国王，而对方则只剩国王了。在国际象棋比赛中，如果你的兵到达对方的底线，就可变为皇后，成为棋盘上最强大的棋子。

交易和下棋的道理一样。你可以利用对手在早期所犯的错误来赢取最终的胜利。我们要如何将下棋中的道理运用到交易中去呢？答案就是要发现你的优势，即赢得游戏的优势。你必须明白，只有掌握了优势，才能取得最后的胜利（参见本书第 5 章拉里·海特就优势及其例外情况所举的例子）。

保留资金等待大行情

1986 年，布鲁斯从事最后一份银行工作，一开始他们用一个被称为"风险单位"（risk unit）的概念来测量交易风险。一个风险单位相当于一份 30 年期国债的市场风险。

起初布鲁斯所允许的风险单位为 10。也就是说，他能够承受 10 份国债所面临的市场风险，也相当于 2 加元、5 瑞士法郎或 6 份玉米期货合约的市场风险。请注意期货是在芝加哥商业交易所集团这样的地方交易，期货按合约进行交易，而股票则按股份进行交易。

银行很快发现布鲁斯运用趋势跟踪交易获得了不错的赢利，于是逐渐增加布鲁斯的风险单位。随着布鲁斯的交易量增多，业绩在持续增长，银行管理层也越来越信任他。

更重要的是，布鲁斯对自己的交易系统更加有信心，他的趋势跟踪交易规模迅速扩大。这家银行从未想过用趋势跟踪来赚钱，尤其对一家地处南方、交易冷清的中型上市银行来说，这样的规模的确非常大。

风险和测量风险始终要排在首位，却往往被忽略了，这对多数投资者而言不是好事。

有一种观点十分在理：如果你能"照顾好"下跌趋势，那么上升趋势能把你"照顾好"。也就是说，只有留住资金，你才玩得起这场交易游戏。只要能保护好自己的资金，不要把本钱赔光，当大的行情趋势到来时，你就能轻松驾驭。

你可能会犯的最严重错误就是时常仰望星空，想着能从一笔交易中赚到多少。如果你不首先往下看，就一定会惹上麻烦。每次交易时，你都要做好坏的打算，如果趋势恶化，那么你应该做些什么。

从哪里可以获得这样的交易规则呢？也许在你还很年轻时，也许在你进行体育比赛、下象棋或其他竞技活动时，你突然明白只有始终保持一致才能取胜。如果你不能一次次地做好正确的事情，你就无法取得成功。如果你不能超越别人，你就无法获取回报。

游荡在华尔街之外的独行侠

所有成功的趋势交易者都有各自不同的故事，也会对自己的成功有不同的理解，但是他们的成功都有一个独特的重要因素。布鲁斯与华尔街保持距离的做法或许就是他成功的秘密武器。他从不用人们所认为的那种华尔街风格进行交易，布鲁斯自有其道，他运用的是打破常规的方法。

当布鲁斯在职业生涯早期选择那份银行工作时，他就已经确立了未来的目标。他的早期职业生涯几乎乏善可陈，没有赚到太多的钱，他的收入仅来自交易中所获利润的固定提成。如果交易业绩好，你就能获得不错的收入；如果交易业绩一般，就赚不到多少钱。遇到行情不好的年份，就只能喝西北风了。

良好的业绩表现让银行允许布鲁斯运用他的趋势跟踪策略来交易，而且可以扩大交易的规模。布鲁斯表现得越好，银行让他操作的盘子就越大。他操盘的资金越多，业绩表现就越杰出，赚到的利润也就越多。

这是否意味着你也能够像布鲁斯一样呢？也许可以，也许不能，但这并不是重点。关键是要学习他的思维方法。他具有一种颠覆常规的创新思维，他总是走在别人的前面，提前三步制定好投资策略。又有多少银行从业者拥有布鲁斯这样的自主权和自由度呢？答案可想而知。

如果你认为银行的工作经历才是布鲁斯的成功秘诀，那么你错了。布鲁斯 30 岁时赚到了人生的第一个 100 万美元。这是他自己的钱，也是他自己独自做的交易，跟华尔街没有丝毫关系。这绝不是借口。

投资大师的建议

投资就是赌博游戏，这一点成功人士永远牢记于心。投资就是下注，一种赌博的形式。赌博和投资都是在智力上相似的活动，但是根据游戏规则，你不应该对不可能赢的游戏感兴趣。

如果某种游戏的派彩率小于1，如赌博游戏的派彩率就小于1，就意味着你玩游戏的时间越长，输的概率越大。一旦你知道了这一点，游戏也就毫无乐趣可言了。然而对某些人来说，正是这个事实促使他们不断地将游戏玩下去。他们就是想挑战困难，证明其他人都是错的。不幸的是，庄家比你更想赢，并且他的资金能让他比你玩得更久。

当然，也许你只是抱着小赌怡情的态度偶尔玩两把。一个理性的玩家应该清楚的是，赌博仅仅为了娱乐是可能会输的，赢大奖的概率很小，但有些人却乐此不疲。比起赢得巨额奖金，他们从这种小概率中获得的乐趣更多。如果你做的事情本质上是非理性的，这并不表示你的行为也是非理性的。因为从理论上说，你并不是出于经济的原因而去做这件事的，但如果你是为了经济的原因而做这件事，你的麻烦就来了……

第 5 章

胜算与概率的游戏
学会像扑克玩家一样思考

成功的交易者和高端扑克玩家之间有着相似的地方，他们都是在利用胜算思维寻找制胜的机会。这类人的最爱就是把华尔街的金钱交易简化成一切关于数字的游戏……胜算思维不仅能帮你赚钱，还能帮你找到女朋友。想知道如何做到吗？

海特是系统化趋势跟踪的创立人之一，然而他从小患有视力障碍和学习障碍，学习成绩不佳，没有运动天赋。是什么造就了他传奇的一生？

拉里·海特：特立独行的宽客怪才

ISAM 资产管理公司（International standard asset management）

　　海特于 2010 年 2 月加入 ISAM，在此之前他一直是海特资本管理公司的董事长。这次合并，海特资本管理公司贡献了 9 年的跟踪记录。截至 2013 年 4 月，ISAM 以 8.4 亿美元的资金规模排名全球 CTA 基金公司第 8 位，近 5 年投资收益率排名全球 CTA 基金公司第 7 位。

5

交易者亏损的主要原因：一是他们不知道何时清理亏损的交易；二是没有给利润足够的增长空间。

我曾拍摄过一部关于诺贝尔奖获得者、顶尖交易员、基金经理和职业扑克牌玩家的纪录片，有些人质疑我为什么会把扑克牌玩家放到一部主要讲市场和经济危机的影片中。其实他们多数人都不知道，成功的交易者和成功的扑克玩家之间有着紧密的联系，他们在胜算方面有着相同的想法。

当每个人拿着辛苦赚来的血汗钱去冒险时，都要考虑一下胜算有多大。人们总希望胜算在自己这边。看看彩票就知道了。人们中奖的机会很渺茫，胜算根本不在他们那边，但他们仍然乐此不疲地购买彩票。

拉里·海特（Larry Hite）作为一名有 30 多年交易经验的趋势交易者，十分善于把握胜算。当遇到胜算很大的投资时，他就投入更多的资金；当认为胜算很小时，就减少投入的资金量。

海特是我最喜欢的交易员之一，我很喜欢他的为人。是什么让我如此喜欢他呢？更重要的是，他的经验能在多大程度上帮助你实现净资产的增值呢？

我们还是从过去说起吧。说到自己的成长经历，海特打趣地说他是摔倒在幼儿园的积木上的孩子。从一开始，我们就应该把海特对正规教育的看法放到具体环境中来考虑。

像许多白手起家的故事一样，海特成长于一个典型的中产阶级家庭，居住在纽约。他的父亲经营着一间小公司，但这并没有为他的孩子们留下什么财富。

海特患有天生的学习障碍和视力障碍，用他自己的话说，他很难长时间地集中注意力，但他自豪地说这些问题就是他的成功秘诀。说这话时海特脸上浮现着灿烂的微笑，其中还夹杂着一丝讽刺。这些困难成就了一个伟大的交易员。

当然这些困难并不是他成功的直接原因，但我们知道海特确实克服了很多不利的条件，这难道不是对你的一种激励吗？

如何才能成为像海特这样的趋势跟踪赢家呢？你需要永葆好奇心。海特最早在《花花公子》（Playboy）看到一篇讲述商品交易的文章，这篇文章促使海特对当地的一位交易赢家进行了一番了解。他是附近一家商品经纪公司的职员，这位经纪人告诉海特，如果投入 2 000 美元，那么他能在 1 天内赚到 1 000 美元。这听起来难道不像某种骗局吗？比如，我曾收到一封电子邮件，内容是马克·扎克伯格在 Facebook 上市前打算卖一些股份给我。

这类家伙对猪腩肉期货、黄金或股票一无所知。即便你像早期的海特一样天真无知，当有人说起猪腩肉期货时，你马上就该意识到 2 000 美元的投资是不可能在 1 天内让你赚 1 000 美元的。

海特还看到了另一个明显的矛盾之处。那时的他还处在穿牛仔裤的年纪，想多晚睡就多晚睡，一个早上 9 点就必须出现在老板面前的经纪人又怎么可能让他变得富有呢？

CEO 眼睛颜色关投资什么事！

又是一个痛苦的工作日，一名理财顾问滔滔不绝地跟你说着他的投资理念。某个经纪人站起身来跟你说他可以当你的财富救世主，他会拿什么来证明自己呢？当他去跟某个公司的管理层交涉时，他能告诉你那 CEO 的眼睛是什么颜色。

这是真实生活中的经纪人。这是真实发生的事情。海特暗自想道："他是我这辈子见过的最愚蠢的人。CEO 的眼睛是什么颜色跟投资一点关系都没有，没有任何数据表明蓝眼睛的人比灰眼睛的人更优越。"

你必须关注那些具有高度相关性的东西。哪些信息是可验证的？如何才能知道那不仅仅是某一个人的意见？如果某条信息是可验证的，它是否跟资金相关呢？又或者，假如你获得了某条信息经过验证是正确的，且与投资相关，之后又该做些什么？

你可不能对这条信息全盘接受，你得对它进行加工处理。你必须明白，大多数可用的信息都是值得怀疑的。不要在每次出手时都举棋不定，请抓住最佳的时机。

成功交易从了解自己开始

我和拉里·海特打交道的时间并不算短。海特的思维十分敏锐、容易兴奋、跳跃性很强。以下是我对海特理念精髓的一些简要的概述，我认为它们能够激发你的灵感，从而帮助你做好趋势跟踪交易。

◆ 美国著名的棒球运动员特德·威廉姆斯（Ted Williams）写过一本关于击球的伟大著作。威廉姆斯将本垒板分成好几个部分，他发现就像棋盘一样，有几个本垒板区域在他的好球区内，他还发现安打率取决于球从何处越过本垒板。他讲述得十分详细，从胜算的角度思考问题。威廉姆斯在寻找那些可能有助于提高安打率的有用信息。

◆ 假设你有一个朋友做卫生设备的生意赚了大钱。他的事业是从拖车停车场起步的，经过辛苦的打拼，他发了一笔小财。你的朋友坚持认为白银市场会大涨，实际情况也的确如此。刚开始白银一路飙升，但后来又像石沉大海似的一跌到底。就在白银价格开始掉头向下时，这位朋友说："白银是绝对跌不了的。"对此你毫无所知，我也无法判断，海特更是不知道，只有市场会告诉你判断错了。如果你的交易策略与市场的走势背道而驰，那么你怎么可能做出正确的判断？

◆ 在争取成功的过程中，你应该对自身和自己所擅长的事情做一个评估，必须弄清楚你能做什么。你可以问问自己："我是谁？""什么对我来说是最重要的？"

◆ 你还要问自己："这件事我能做吗？""我能重复地做这件事情吗？""我喜欢做这件事情吗？"比如，拉里·海特喜欢交易系统，不是源于一时兴起，而是喜欢通过自己的行动融入环境。这便是一名趋势交易者应该具备的心态。

◆ "你想要什么？""你为何要这么做？""你进行了哪些投资？""你的投资会升值吗？""你的投资是为了获得收益吗？""你想要什么？如何发现自己正处于不公平的优势中？"

◆ 再问自己一些问题："何时才是最佳投资时机？""什么时候会发生？""期限有多长？""当你认为某事将要发生时，会在何时发生？"这些"时机"会告诉你能获得多少收益，你的复合收益是多少。你必须找到这些问题的答案。

◆ "应该如何实现？"回答这个问题，你要设立一个目标，为了实现这个目标，把今天的你变为将来的你，你需要做些什么。

◆ 在交易中，复利是最强大的力量。复利（compound interest）指的是从存款、贷款或债务的初始本金和累计利息所获得的利息。比起单利（simple interest），复利能让本金增值更快。单利是指仅按本金的某个百分比计算利息。

犯错也无妨，这是海特最后一个重要的理念精髓。海特的学业成绩一直都不好，在运动方面也不擅长。但他将这些都转化成了优势，因为他很清楚自己可能会犯错。事实上，海特从来不认为犯错是很奇怪的事情。海特骄傲地回忆道："我总会在交易中假设犯错的情况。我时常问自己，在这种情况下可能发生的最糟糕的事情是什么？然后我就会把这种最糟糕的情况设为交易的底线。我总想知道自己正面临着怎样的风险，我能承担多大的损失。有时候，当你真正看到这些风险时，会发现风险其实没有那么大。这就是你能赚大钱的原因。"

因此，要问自己这样一个问题："可能发生的最糟糕的事情是什么？"然后从最糟糕的情况出发，一切就不是问题了。

忽略无关紧要的杂音

假设你掌管着一家有上百名员工的公司。某一天，你走进公司对大家说："完备知识有什么价值？如果我们知道一组市场中所有产品的年终市值，会发生什么情况？"每个人都希望出现这样的情形，所有员工都会立刻表示赞成。不过请等一下，事情好像还没有结束。

对于任意给定的年份，如果你具备市场价格在当年12月31日的完备知识，那么在当年的1月1日，你会使用大的杠杆来将你的优势最大化吗？海特发现即使你能够准确预见年终价格，你也无法承受3倍以上的杠杆率，因为在走向年终价格的过程中，你无法对市场可能的路径进行预测。

谷歌（GOOG）公司在1月1日的股价为300美元，如果我提前告诉你，该公司股价在这一年年末将达到600美元，你会怎么做？花光所有积蓄或用尽经纪账户中的所有保证金去购买谷歌的股票？购入所有你能买到的廉价期权？既然你具备年终股价的完备知识，那么等着一笔大买卖发财就好了，还有什么问题呢？这种想法完全错了！

你可能会遭遇损失。为什么？答案很简单，即使你知道谷歌公司股票的年终价格，它也有可能先从 300 美元跌至 50 美元，然后再涨到 600 美元。这种潜在的波动性可能造成你的账户爆仓，如果你在游戏结束时还加了几倍的杠杆，那么你还得搭上自己的房子。现在你知道为什么要对杠杆抱有谨慎的态度了吧。

他的名字在前文中出现过几次，但现在我们还要再来说说这位趋势跟踪的先驱者埃德·塞柯塔。塞柯塔是进行"跨市"交易的第一人，运用同一个交易系统以相似的风格在各个市场中进行交易。海特和我们分享了一个故事。

> 塞柯塔自有一套趋势跟踪交易系统。这一天，他的老板对他说："你的交易里面没有马铃薯啊。"塞柯塔说："是啊，我的交易系统中不包括马铃薯交易。"3 天后，他的老板再次来找塞柯塔，并说："你都没推荐过马铃薯交易……你在听我说话吗？"埃德又说："我的交易系统中没有马铃薯交易。"老板说："听着，我们公司在马铃薯交易大厅有交易柜台。你要向整个交易大厅推荐马铃薯。你的交易系统中都没有马铃薯交易，这算怎么回事呢？"大约 1 个月后，塞柯塔离开了这家公司。

这个故事跟今天的情况没什么两样，拥有那么多的经纪人和市场名嘴，他的老板本来不用担心要交易些什么。他们只是想填补一切空白，然后为他们的客户提供些什么，即使只是一些毫无价值的交易建议。

是不是听起来很耳熟呢？从故事得出的教训：关注重点，忽略无关紧要的交易。为了交易而交易，凭空制造的交易都是无关紧要的。

进行趋势跟踪交易并不是为了创造市场英雄。换句话说，它不是为了给你提供正确的建议，而是为了让你实现长期的收益。一些人就想成为人人信服的超级明星，就像电视真人秀里的那些人一样。

但是你的目标不在于此，你的想法应该更加切合实际。例如，你能承受多大的亏损？你的答案可以是："我能承受 5% 或 100% 的本金亏损。"不管怎样，你必须知道一个确切的数字。

你将要成为一名趋势交易者，你也打算去寻找趋势，但你无法预测趋势，以及趋势出现的时间和持续的时间。也就是说，你要给自己留有余地，让自己能在持续的跌势和糟糕的行情中生存下来。这就是为何你要清楚你所说的亏损意味着什么。

连找女朋友这事都和概率有关

这是一个伟大而有趣的故事。故事讲的是通过恰当地评估胜算来赢得胜利的能力。也许你是个年轻人，又或者你是个刚进大学的新生。你在想些什么呢？答案之一肯定是女孩子。如何才能遇到心仪的女孩？怎样才能找到自己的爱人？海特为那些爱情不顺的男孩们支了一招：一切都与数字有关。

假设你每天都会按时离开家，每天你都会和同一个家伙擦肩而过，而且他身边总有不同的美丽女生相伴，而你只能形单影只。

一天，你终于对这个家伙张口，问他是如何认识那些漂亮女孩的，他答道："这个太容易了。"

"其实这个问题很简单。每当看到一个很有魅力的女生，我就会走过去说：'你好，我叫哈里。我想请你喝杯咖啡。'"他继续说，"10个女孩中会有 1 个同意跟我去喝咖啡，而同意跟我一起去喝咖啡的 10 个女生中，也有 1 个会希望与我有更深入的交往。"

海特说这是他听过有关胜率思维的最伟大案例之一，因为这个案例包含了他最感兴趣的两件事情：概率和异性。

有关数字和胜率的故事还有很多，你遇到的人越多，听到这类故事的机会越大，但这些故事都跟"拒绝（或失败）"一词紧密相关。你能承受被拒绝的滋味吗？你能承受失败吗？

用这样的约会技巧来认识女生，十有八九会被拒绝，但这又引出了一个简单的问题："你所获得的回报值得你去冒险吗？"对很多人来说，不论约会也好，交易也罢，他们确实甘愿冒险来获得他们认为值得的回报。

交易游戏就是赌博，海特很清楚这一点："赌局有四种：你会赢的赌局、你会输的赌局、赢利的赌局和亏损的赌局。你可以赢一盘本该亏损的赌局，也可以输掉一盘本该赢利的赌局。但重点是，你要在能赢利的赌局中争取更大利益。"你要常问自己："什么是可以赢利的赌局？我能够经常把握住赢利的机会吗？"

既然无法预测回报，何不量化风险？

首先来看看你的容忍程度："你在一笔交易中可承受的资金损失是多少？"你希望市场在你预先设置的止损参数范围内运行。你一直在控制它，无论发生什么事情，你对自己正在做的事情了如指掌。你确信自己在尽可能地做好准备，但要说完全准备好了也是不可能的。这就好比一颗陨星造成了恐龙的灭绝，你所做的准备工作应该足以让你处理好交易中出现的任何问题，并能够正确地解决这些问题，而且一达到止损点便离场。

如果艾伦·格林斯潘和本·伯南克都被经济危机愚弄了，那么又有什么能阻止海特或你不被愚弄呢？至少海特知道这一点，他选择对发生的灾难视而不见。你也必须现实一些，但实际上你不必做任何事情。无视这种智慧同样会让你破产。

你必须清楚自己其实什么都不知道。不管你掌握什么信息，也不管你在做什么，你都有可能犯错误。海特有一位积蓄超过1亿美元的朋友，向我们传授了一些经验：不要拿你的生活方式作赌注，从交易的观点来看，糟糕的事情永远不会在你身上发生，如果你一开始便知道什么是最糟糕的结果，你就享有了充分的自由。那是一种怎样的自由呢？是摆脱了从一开始就伴随你的压力！

一个简单而永恒的事实是，虽然你无法对回报进行量化，没人知道大趋势何时会到来，也不知道这个趋势到底有多大，但你可以量化风险。这是一种非学术的说法吗？在有限的资金供给下，你能承受多少亏损是由你自己控制的，我们每个人对自己能承受的资金亏损要有一个标准。

海特的交易中有一个永远不变的原则：任何交易中，你所设定的止损金额都不要超过总资金的 1%。如果你只拿这 1% 去冒险，就不会过于紧张每一笔交易，更重要的是，你不会因此倾家荡产。海特关于交易和生活有两条基本法则：一是想赢必得打赌；二是打赌必得有钱。

我希望你从拉里·海特的经历中明白最重要的一点：你交易的不是市场，而是金钱。

永不止步征服交易战场

海特是个传奇人物。我并未刻意强调他职业生涯中的细节，只希望各位读者能看到他的投资智慧，并在读完本章后找到属于自己的"复活节彩蛋"，能把海特的智慧用于现实交易并从中获利。

毋庸置疑，海特是系统化趋势跟踪交易的创立人之一。他于1981 年创建了敏特投资公司（mint）。1990 年，该公司成为全世界最大的趋势跟踪基金公司，后来又与曼恩集团（man group）创立了一家合伙公司。不久后，曼恩集团收购了 AHL，这是一家以 3 位创始人姓名迈克尔·亚当（Michael Adam）、大卫·哈丁（David Harding）和马丁·卢埃克（Martin Lueck）命名的公司。如今的曼恩集团已经远远领先同类公司，成为世界最大的趋势投资公司，这里有海特很大的功劳。最近，海特又与他在曼恩集团长期共事过的同事斯坦利·芬克（Stanley Fink）共同创建了一家资本管理公司。

当被问及为何最终决定加盟 ISAM 资产管理公司时，海特讲了一个故事：

"多年以前，一位从事烘焙食品行业的绅士以 1 000 万美元卖掉了他的企业后找到了我，成为我的客户。在谈到他所做的投资选择时，我告诉他这种事情可不经常发生。但他纠正了我的说法，并解释说他的确做过好几次这样的交易，并且他的成功秘诀极其简单。

"首先，他坚持做自己非常熟悉的烘焙行业；其次，他只和30多岁的人合作。他认为这个年纪的人还很年轻，精力充沛，活力四射，同时成熟老练，拥有丰富的经验。我立刻发现了这个家伙的理论很绝妙，当我想到自己的职业生涯时，马上就能想起他说的这些话。"

投资大师的建议

　　在交易之前，你必须了解胜算有多大，除此之外，进行计算也是必不可少的。请看下文详解。

　　计算预期值是衡量每笔交易的正值或负值的方法。预期值让你更加客观地看待你的选择和交易。虽然预期值在95%的时间里都是正确的（这似乎很让人心动），可如果你在每20多次的亏损交易后，才有1次赢利机会，你的选择就是失败的。通过计算胜负的概率和每次盈亏的数额，你就会知道手中的交易是一笔赚钱还是赔钱买卖。

　　在掷硬币的游戏中，每次胜负的概率都是相同的，掷出正面和反面的概率都是50%。在这样的赌局中，预期值为零。这是因为你那50%的胜出机会被50%的失败率完全抵消了。但假设你每掷出一次反面可获得2美元，掷出一次正面要付出1美元，这样一来，你不可能每掷一次都赢得同样数额的钱。在50：50的正反概率和掷出反面能获得2倍收益的情况下，这就变成了一个预期值始终为正的游戏了。

　　在最简单的模式中，预期值等于所赢得的数额与获胜的概率之积减去所输掉的数额与失败的概率之积：

$$EV = W \times P(W) - L \times P(L)$$

第 6 章

唤醒企业家精神

市场跟踪也需专注力与决断力

ttle Book of Tradl   The tle Book of Trading   The little Book on

　　哈丁创立的温顿资本是全世界最大的期货管理公司，20 年来，他利用趋势跟踪所获得的年均收益率接近 20%。哈丁一直强调投资者做交易时要富有企业家的精神。这具体指的是什么？

　　一位 93 岁的寡妇去世后留下 4 800 美元的遗产，这样的"买入并一直持有"策略是你想要的吗？观看 CNBC 财经新闻对投资是否有帮助？紧跟消息面能否打败专业人士？这些传统的投资手法貌似已经失效了……

大卫·哈丁：一夜成名的"商品交易之王"

温顿资本公司（Winton capital management）

成立于 1997 年，是全球最大的商品交易公司，以及资产规模排名全球第 15 的对冲基金公司。目前管理着 290 亿美元资产，交易的商品遍布 25 个国家的 100 多个品种，公司拥有 260 多名员工。2008 年金融危机，温顿资本旗下管理的期货基金仍获得 28% 的收益率。2009 年，温顿资本在香港成立分公司，负责在亚洲地区的业务。

6

绝大多数事情取决于分布的尾部。在现实中，总是有许多出乎意料的事情发生，需要投资者突破平均思维。

谁不想赚得亿万财富？当然这些财富也可能会有缩水的风险，但要取得这样的成功绝非易事，尤其对白手起家的人来说更是如此。对你而言，赚到 10 亿美元这个目标合理吗？这个概率很可能并非你能决定的。

在这个疯狂而嘈杂的世界里，有时也会听到有人中奖的消息，他们不过买了张刮刮乐彩票就中了上百万美元。这些人没做过什么模拟投资，也从未经历过艰难险阻，他们只不过买了张彩票。

这个世界还有另一些像大卫·哈丁这样的人。哈丁很早就开始了他的艰苦奋斗历程，坚持多年之后，他终于成了一个真正的亿万富豪。虽然如此，和许多成功人士的故事一样，哈丁的身上也有运气的成分。

但这并不是重点，重点是坚持、不放弃，这才是哈丁的成功秘诀。如果哈丁没有坚持不懈，他根本就没有机会受到好运的眷顾可以一举成名。

你又能做些什么呢？你要学会像一个身家上亿的交易者那样思考。如果你这么做了，并学着用他的视角来观察世界，那么你也有可能像他那样成功地赚取属于自己的亿万财富。请注意，我说的是"有可能"。之所以要像亿万富豪那样去思考，是因为这样做可以帮你赚到第一个 100 万美元。只要具备勇气和决心，任何人都能想出赚到第一个 100 万美元的办法，只要你挺过那些艰难岁月。

生活在伦敦的哈丁以"商品交易之王"的美誉闻名于世，主要原因是媒体总是喜欢谈论趋势交易者的交易品种，而不是他们的投资策略。可以说哈丁几乎是一夜成名的，但是为了这一刻他付出了 30 年。在 20 多年的时间里，哈丁利用趋势跟踪交易所获得的年均收益率接近 20%。让我们花点时间理解一下这句话的意思，或许你还在想着长期持有的共同基金，它们正在逐渐蚕食你的资金和头脑，而你还未发觉。

最近，这位还不到 50 岁但已满头白发的金融奇才迷上了收藏有关经济史的书籍，其中一些书的出版时间可以追溯到 19 世纪 60 年代。在与我们打交道的那段时间里，他让人们开始关注美国人独特的企业家精神，并用通俗、俏皮的语言阐述这种精神，而所有这一切都带有一种典型的英国范。

数学与计算机强强联手的投资时代

哈丁毫无疑问是个聪明绝顶的人。他毕业于剑桥大学，获得物理学学士学位，但他在专业上并不十分用心，这样一个学位对哈丁如今的趋势跟踪赢家身份毫无裨益。据我查证，物理跟趋势跟踪没有任何关系。

哈丁早期沉迷于技术分析，对趋势跟踪的优势有所了解，但他很快认识到需要对他所做的交易进行科学的分析。

哈丁最开始在别人的公司里学习。"我之所以去那儿，是因为我不愿坐在投资银行里赚钱。我想知道我是否能以旁观市场的角度来进行趋势跟踪。'你能在一个荒岛上通过交易赚钱吗？'这是我问自己的一个问题。"

这个问题的答案只能通过勤奋工作才能找到。试想每天手工绘制几百张图表是什么感觉。哈丁做到了，他把每张图都装订到一个带封面的牛皮文件夹中，这就是他的行情手册。哈丁为什么要这么做呢？为了研究！通过分析所有市场的价格波动后，如果你认为所有市场都是类似的，那么你首先要证明给自己看。你必须做好功课，关注价格数据和走势图表。

哈丁继续补充说："我唯一的愿望就是成为一名量化交易员，因为这是我喜欢的。就像小提琴家需要演奏小提琴一样，我只对数学感兴趣。"

这并不是什么新说法。几个世纪以来，投资与数学的关系密不可分，这并不是 20 世纪晚期才突然出现的现象。随着计算机的广泛运用和全球化的到来，今天的世界可能已经处于投资和数学强强联手的黄金时期，但说到赚钱，通过使用计算法则从来就不是一件新鲜事。这个时代的两大浪潮为投资者带来了巨大的赚钱机会，利用数学和计算机进行全球性投资，制定更多趋势交易策略仅仅只是众多优势之一。

如果你正在关注多个市场，那么你的交易策略需要对市场数据不停地计算和监测，与 20 年前相比，在全球市场中赚钱的机会要多很多，难道这不是一件让人震惊的事情吗？再说明一个显而易见的事实：趋势跟踪是你唯一使用的交易方法，也是唯一不需要你整天盯着交易屏幕的交易方法。与从前相比，这可是不小的差别！

赚钱不只限于股市，还有商品与外汇

趋势跟踪法确实是一门科学，虽然这门科学从未公开发布过。哈丁心知肚明："用听着有些恐怖的话语来说，如果你愿意'打开和服'（open the kimono）①，就要把那本记录着交易图表的厚厚的牛皮文件夹拿出来。"

哈丁用趋势跟踪系统做各种交易，而且屡试不爽。他通过模拟交易形成，并验证他的想法和假设，就像目前为止其他交易者看到的那样。多年来，他所做的事情不过是在进行趋势跟踪的实验，但哈丁使用的可不是显微镜或望远镜，计算机才是他的实验工具。他观测的也不是天上的星星，而是数据和模拟语言。趋势跟踪策略需要花钱，也能赚到更多的钱。这是一个非常简单的法则。

我们在研究市场数据时，会碰到各种各样的图表和指标。哪些才是与研究有关的数据呢？是价格数据。作为一名趋势交易者，仅利用价格数据就可以进行期货、交易型开放式指数基金（ETFs，exchange traded funds）等交易。即便如此，许多趋势交易者之所以做期货交易，是因为期货在全球来说是一种流动性强、廉价而有效的交易方式。

如果你打算借助一家趋势跟踪公司来投资，你就应该知道那

---

①原指日本封建时期的武士向对手打开和服以示自己没有隐藏武器，此处指向对方披露内部运作情况以建立信任。

些职业趋势交易者是哪一类人。当然,如果你只是以个人的方式做趋势跟踪交易,就另当别论。

许多职业趋势交易者被称作商品交易顾问(CTA, commodity trading advisor)。这在美国是一种常规分类,用在趋势交易者身上并不正确,因为他们的交易对象不仅是商品。他们什么交易市场都有参与:股票、外汇、棉花、瑞士法郎、可可豆等。

不少趋势跟踪投资公司还被称为管理型期货交易者,这又是一个容易造成困惑的误称。和商品交易顾问一样,这个词也不是用来描述交易策略风格的,它指的是交易的手段。

哈丁不会武断地给自己贴上任何标签,但他发现对客户而言,这么做是有必要的。客户希望找到适合自己的框架,这让他们很安心。哈丁认为有框架总比什么都没有要强,于是他笑着说:"否则,我们就会陷入混乱,可是谁希望看到繁杂一团的样子呢?"

抓住"肥尾",从极端事件中获利

几十年前哈丁所做的初期研究得出了一个简单结论:趋势交易系统是有效的,或者说至少在那时起过作用。当然,我们不能因为一个东西曾经是有效的,就判定它还会继续有效下去。但哈丁指出,趋势跟踪确实在相当长一段时间内起过作用,这使得他成功创建了两家侧重趋势跟踪策略的公司。这一点有据可查。这些公司以及交易能成功的根本原因是控制风险。这一点再怎么强调都不过分,不重视控制风险是交易者的终极毒药[1]。

风险的一种定义是结果的不确定性。风险意味着你无法控制

---

[1] 原文为 kryptonite,即氪石,《超人》系列故事中的虚构物质,可使超人变得虚弱,丧失超能力。

某一特定情况的最终结果。赌博具有高风险，但许多人认为赌博的高回报值得冒险。

风险不仅是针对投资市场而言的。每个人每一天都要承担风险，无论是开车还是坐飞机，无时无处不面临着风险。也许你会计算风险的大小，例如，你乘车旅行途中死亡的概率为1%，但你不会因此取消探望妹妹的行程，对吧？

我们为了达到想要的结果，都会甘愿承担风险。就人类的所有活动来说，其结果中总是带有少许的不确定性，包括趋势跟踪在内的所有活动的结果中都存在着不确定性。在医疗领域中风险特性是十分明显的，如果你身患疾病，那么医患间的话题很快会转向死亡率的讨论。例如，沉迷于某种高风险的活动（如滑雪）可能会让你提早死亡。

人们所面临的风险各不相同。有些人选择跳伞，有些人喜欢滑翔，有些人抽烟，有些人旅行。为了追求更大的回报，一些人会比另一些人勇于承担更高的风险。

还有一些人，比如坐在公园长椅上的老先生，他们很有可能认为自己没必要再去冒更高的风险。他们选择逃避风险，只想愉快地度过余下不多的时光，喂喂鸽子，含饴弄孙。

由于每个人对风险有着不同的要求和态度，因此需要针对每一个人进行不同的风险评估。每个人在投资和交易中都要承担风险，但差异化因素在于，很少有人尝试使用数学工具来估计他们的风险选择。

有些人盲目地将自己的钱拿去投资，让自己陷入不确定的风险之中。绝不要参与到无法准确评估风险的游戏之中。只有准确评估将承担的风险，才能保证所冒的风险是明智的，是有利于你的。一旦你具备了这种基本的思维，我们就可以开始市场的话题。

对每个人而言，什么才是各种投资行为中最主要的不确定因素？答案是试图获得巨额财富！95% ~ 99% 的人均在某种程度上对获得更多财富感兴趣。有些人拼命想发财，另一些人只想再多赚点钱买一栋更好的房子或一部新车，还有一些人不过是想存些保障资金。

人们虽然都希望找到更多致富的方法，但任何一种方法都是要承担风险的。即使把钱存到银行也不是一点风险都没有，因为金钱的价值会随着时间发生变化，如通货膨胀。

我们有很多测量风险和量化风险的方法。或许这些方法远称不上完美，但至少它们是可以用来评估风险的。无论如何，你并不想被科学蒙蔽了双眼。

俗话说："一知半解，害己误人。"这话说得很对。比如，一些人用回报的标准差来计算风险。

标准差（standard deviation）：统计学中用于说明历史波动性的测量方法，表明了数据偏离平均值的程度。例如，一只价格不稳定的股票的标准差可能很高，而一只价格稳定的蓝筹股的标准差则可能很低。离散度则表明了回报偏离预期回报的程度。

标准差并不是正确测量和评估风险的方法，对趋势交易者来说，你只有偏离正常范围才能赚到钱，也就是说你只有处在钟形曲线的尾部才能赚到大钱。

什么是"偏离正常范围"？当我们把某个投资组合作为一个整体来看时，通常会假定收益的分配遵循正态分布。在这种假设下，收益在平均值和正负 3 个标准差之间移动的概率为 99.73%。这也就意味着，收益移动到 3 个标准差以外的概率只有 0.27%，或者基本等于零。

然而尾部风险的概念表明，这不是标准的正态分布，而是一种偏态分布。这种分布有着更肥厚的尾部，使其增加了投资收益移到 3 个标准差以外的概率。当我们研究趋势跟踪收益时，就能看到这种"肥尾"(fat tails) 分布。

在此我只是简要地普及了一下统计学知识，你是否清楚该如何做？你想要的是什么呢？发发牢骚还是埋头赚钱？不要千方百计地想着降低风险。试想你开了一家专门以寻找风险为目标的大公司。零风险则无回报！

盯紧消息面，小散就能斗赢大庄吗？

人们普遍认为，只要你将资金投入一个充分多元化的股票投资组合并长期持有，你就能获得不错的回报。今日，有多少人是这么做的呢？

我听说过一个事例，一位 93 岁的寡妇去世后，亲戚们发现她留下了价值 4 800 美元的遗产，因为她采取的投资策略就是一直持有。年轻的时候，她买入了一些股票，她从不看 CNBC，在她生命的尽头，却有一大笔钱还没有用完。你也想学习她的做法吗？千万不要。

CNBC 的观众是那些投资活跃的人，但这未必是一件好事。

更加活跃地投资或交易是一件坏事，尤其当你对自己所做的事情一无所知的时候。一个知道交易最低限度的投资者，通过观看CNBC 获得投资成功的概率可能不到 1%。真正成功的交易者不会通过观看财经新闻来获得制定投资决策的线索。

如果你是一名业余投资者，而并不是摩根大通的员工，你想成为一名活跃交易者、日间交易者、波段交易者，一名整天盯着市场走势的人，那么你将面临一个巨大的挑战，那就是要打败专业人士。你可能很有信心打败他们，但你真的比他们更聪明吗？

作为一名活跃的交易者，通过紧跟消息面就能够打败专业人士，这种想法会付出高昂的代价。也许你确实比一般人聪明，但你只有比一般人聪明好几倍才行。比你更聪明的高手有的是，他们一天 24 小时都在想着从市场中获利，但只要秉持趋势跟踪理念，你至少还有机会。

有人传言美国利率由所谓的政府大人物设定，并非由市场的力量驱动。哈丁对这个事实感到惊讶。

你是否愿意跟不看牌的对手玩牌？

这种事我见多了，人们希望就趋势交易的成功之处和可行性进行辩论。他们抱怨说趋势交易不过是一种理论，任何理论都不可能完全正确或错误。当然，所有理论的正确都是有条件的，而且每一个科学家打心底认为科学理论是否有分量是根据该理论的关注度而论。该理论是否有用、是否有趣、是否提供了一种有意思的洞见？大量的理论只是提出了一些任何人都不感兴趣的无聊预测。

假设某理论提出了一个足以引起人们注意的有趣预言，比如说，水星的运行轨道或牛顿力学与我们所认为的有些不同。如果该理论是正确的，那么一定也是可验证的，那么你就能够分裂原子了。

这个理论会带来巨大的影响，显然能引起所有人的兴趣。一旦证明该理论是成立的，它就会马上出现在《纽约时报》的头版上。即使没有人了解相对论，但每个人都知道它的意义，这一点毫无争议。人们凭直觉了解到上述案例中科学理论的分量，以及该理论的价值和有用性。

哈丁在理论基础上发展出自己的看法："我认为有效市场假说同样非常有用。该假说提出的一个预言是，要战胜市场非常困难。这也就是说市场比你掌握更多信息。这个假说是明智而有用的，这会使你以谦卑的态度面对与战胜市场。"

沃伦·巴菲特认为，和相信有效市场假说的人在市场中博弈，就好比和从不看牌的人玩桥牌一样。换句话说，如果你是投机者，那么当然希望与从不看牌的对手玩下去，或者说与那些相信有效市场假说的人博弈。如果你想抓住发财的机会，那么这是一种正确的交易导向。

我不知道你会如何反驳这种说法：系统化的趋势跟踪交易不仅能赚钱，而且还是对有效市场假说活生生的反驳。

虽然哈丁一贯秉持着坦诚、直率的作风，但有时也会表现得严谨、含蓄。他深知趋势跟踪谈论得太多不利于事业的前景。

为什么一个富有竞争意识的人要鼓励你成为下一个亿万富豪呢？传播趋势跟踪知识或普及这一交易风格并不是他的使命。他无意发起学术性的趋势跟踪课程，对创造一个到处都是腰缠万贯的趋势交易者的美好新世界也不感兴趣。毕竟哈丁的身份是企业家，只是想赢得胜利。

普通投资者关注结果，交易大师看重过程

如果你在小时候学习过拉丁文，那么你可能还记得一个动词"speculari"，翻译过来的意思是"观察"。投机者虽然时常遭到媒体的诋毁，但他们都是观察家，而这正是你想要扮演的角色。你希望能站在政治经济体制的外部观察它。乔治·索罗斯为那些通过投机赢利的人们做了精彩的辩护：你玩的游戏人人都在玩，但你是在按规矩出牌。

然而，一旦你确定以投机作为导向，决断力（determination）就是你通往成功的道路。哈丁的祖母过去常说："耐心和坚持可以成就大师中的大师。"

哈丁认为："决断力就像拥有一双翅膀，如果刚开始没能成功飞翔，就不断地去尝试。美国著名歌星麦当娜常说'我的生命力就像一只蟑螂那样旺盛'。意思是，没人能够将她打倒。"

你必须将这些观点牢记于心，尤其是在处境艰难的时候。也许你会问："当我赚到足够多的钱之后，为什么还要坚持做交易呢？"

在欧洲，很多人会说，如果你已经赚到了足够多的钱，那么不论这笔钱有多少，你都应该做一些对生命有意义的事情。而美国人的观念是，我之所以要登上山顶，是因为山就在那里。由于目标就在那里，因此我要行动起来，去征服它。过去这是英国人的想法，但现在抱有这种观点更多的是美国人。

哈丁将这种观念视作只存在于美国人身上的传统。20 岁时，

生活在美国的哈丁阅读了安·兰德（Ayn Rand）①的著作。他深深地被她的政治和经济思想所吸引，这并不是因为她的思想改变了他的一生，而是因为他从未见到过像安·兰德一样富有企业家精神的人的著作。

哈丁还深受另一箴言的影响：上天赋予你能力，利用好这种能力是你的责任。宗教人士也持有这种观点。他们认为如果上帝赐予你能力，你就应该充分利用。做到这一点并不容易，因为对许多人来说，对失败的恐惧是一个重要的因素。但在某种程度上，对失败的恐惧也会对你产生激励。它能激发出你的竞争意识。

在这个世界上，每个人都有他的擅长之处。哈丁的专长是分析金融价格的动态分布（趋势跟踪的另一种说法），而且从事该领域的工作已有 20 多年，从中获益丰厚。最终哈丁相信，他还要为这个领域做更多的事情，这是上帝对他的旨意。

①哲学家，20 世纪美国最为知名的作家、思想家和公共知识分子之一。

投资大师的建议

引自大卫·哈丁的话：结果或既定的事实并不会告诉你太多，过程才是最重要的。

显然大多数人都是从结果中得出结论的。他们观察所发生的事情，然后说："噢，事情原来是这样的啊，因此我的结论是……"你完全可以把这样的思维方式当作一种迷信，这是错误的观点。如果你因为错误的原因而做出错误的决定，这不利于你增加财富。

第 7 章

两种交易策略的较量

扔掉基本面，让图表说话

德鲁里曾从事基本面分析工作 15 年，促使他彻底转变为一名趋势交易者的因素是什么？年度交易明星商品公司曾靠基本面分析做交易，为何恍然大悟"趋势跟踪交易才是真正的赢家利器"？

德鲁里在 2008 年金融危机中实现 75.56% 的收益率，为什么别人眼中的死亡浪潮却是趋势交易者的美味盛宴？

伯纳德·德鲁里：量化投资的后起之秀

德鲁里资本服务公司（Drury capital services）

  1992 年在美国伊利诺伊州成立。德鲁里结合多年的粮食分析经验，完全运用趋势跟踪程序系统做粮食交易。德鲁里管理的资金规模高达 2.74 亿美元，几乎每年都为客户带来两位数的年收益率，在 2008 年收益更是高达 75.65%。德鲁里资本聚集了许多华尔街交易天才，员工大多曾在高盛、德勤、摩根大通等担任要职，公司运作趋势跟踪系统化程序已有 16 年。

7

> 如果一只股票拥有高收益率的基本面，一旦大众投资者注意到这个机会，他们就会毫不吝惜地掏出腰包里的钱。

我们一直被灌输着一种观念，那就是期待有故事发生。投资者最早提出的问题："市场将会走向何处？"人们希望对此做一个预测，希望能从中获得在市场中战胜竞争对手所需的优势。密切关注 iPhone 下一年的销量、巴西咖啡产量是否达到预期、美联储是否会对利率施加影响，这些都不是帮你赚大钱的方法。

交易员伯纳德·德鲁里（Bernard Drury）就是一个典型的例子。他在职业生涯的早期秉持着这样的思维方式。后来他终于认识到，趋势跟踪是一种获得成功更直接的方式，因此，他放弃了基本面分析。仅就这一点，他向我们证明，每个人都可以改变你看待世界的方式，即使这个方式已经被你坚持了几十年。

德鲁里以优异的成绩毕业于达特茅斯学院，获得了俄语学士学位。他的职业生涯始于 1978 年，在路易达孚公司（louis dreyfus）做一名粮食交易员。随后的 15 年里，德鲁里先后做过商品粮交易员、粮食市场研究员，还用个人账户做自营交易。他从事的这些职业就是为了多了解粮食市场，然后开始根据基本面信息做交易。

粮食交易员和研究员到底是干什么的？下文摘录的是路透社的一则新闻。这段文字举例说明了在粮食市场中运用基本面分析的情况：

近日，受到美元和原油价格波动等外部因素的影响，美国粮食市场将于本周通过传统的供需基本面分析来预测市场的走势。美国农业部预计在周二早间发布对玉米和豆科作物产量的预估。这一举措将向市场提供大量有待消化的数据，并影响一整周的价格波动。政府同时将首次公布美国去年秋季冬小麦的播种面积的预估信息。影响粮食市场的另一个关键因素是南美洲的天气，因为巴西和阿根廷的农民正在收割豆科作物。

市场分析家预测，由于收获期推迟，寒冷的天气条件迫使中西部农民在未全部收割完毕就停止收割作业，美国玉米产量将在早期预估的基础上有所减少。预估的玉米作物平均产量为128.21亿蒲式耳，比政府12月的预测少了1亿蒲式耳。上周席卷中西部的暴风雪致使大多数农民不愿冒险通过结冰的公路将谷物运送至粮仓和加工厂，这又造成了现货市场的供给量下降。

类似这样的事情没完没了。网上的信息多如牛毛，要是你不想错过任何一条信息，非得疯了不可，而这就是一名使用基本面分析的粮食交易员的工作。

你认为自己能够胜任这样的工作吗？如果你认为可以，那么要积累所有这类专业知识需要多久？你需要耗费多少年的生命？就算你足够聪明和用功，掌握了全部的专业知识，然后把它们转化成基本面数据，就能使你知道何时是市场买入和卖出的最好时机，并实现长期赢利吗？

这就是你所面临的难题。你不要沉迷于利用基本面分析做谷物、玉米、小麦或其他市场交易。

把这种方法应用于英特尔公司股票或美元市场，情况也是一样的。数据是海量的，但完全无法保证基本面分析能够真正帮你赚到钱。

对计量模型产生兴趣的缘起

我在纽约的耶鲁俱乐部认识德鲁里。我这个来自北弗吉尼亚州的乡下小孩直到现在都不知道耶鲁俱乐部是干什么的，但正是在这里，我开始明白了德鲁里的经历在交易方面带给我的独特教育。

德鲁里早期在使用基本面分析时的雄心壮志，反映了他看到自己将在市场上获得成功的潜质。他周围的交易员都比他大 10 岁、15 岁，甚至 20 岁。他很清楚这些人都非常成功，都是优秀而富有的粮食投机者，所有人都在用基本面分析赚钱。因此，那时的德鲁里对待基本面研究的态度非常专注。

他用了 20 年时间来积累粮食市场中基本面分析的专业知识，对那些像行业专家一样的交易者充满了崇敬之情。然而在攻读芝加哥大学 MBA 期间，德鲁里与罗宾·霍加斯（Robin Hogarth）教授对"不确定型决策"领域进行研究，这对他产生了深远的影响，使他的观念开始发生转变。

德鲁里选了一门建模课程，并逐渐对以研究为基础的量化交易方法，即趋势跟踪发生了兴趣。德鲁里解释道："虽然我是以粮食交易员的身份入读芝加哥大学 MBA 课程的，但我已经开始习惯通过建立和应用计量经济学模型来评估粮食定价情况。与霍加斯教授的共同研究增加了我对交易模型研究的好奇心。"

从一个市场的专家到多个市场的赢家

把自己想象成一名只做一个市场的优秀交易员，可以是玉米市场、通用公司股票市场或白银市场。这时你将面临一个巨大的问题：只在一个市场中运用多元化投资的原则是很困难的。

毕业后，德鲁里从事基金管理工作，在早期，他操盘的客户资金规模为 2 500 万美元，这已经在杂粮期货市场中占据大部分份额。德鲁里被期货市场的头寸和流动性限制深深困扰，也就是说，这个市场的规模已经不能满足德鲁里进行灵活自如的交易，而且这种集中交易模式也给他造成了麻烦。

摆在德鲁里面前还有一个更大的问题：如果你是一位行业专家，那么利用某个特定市场中可能出现的不常见但非常重要的价格波动来赢利是很困难的。趋势交易系统在处理重大的价格波动方面更见优势。

做出改变的时候到了。多元化投资是必然要求。

对德鲁里来说，从一个单一市场专家转变为系统化的趋势交易者并非一日之事。首先，他于 1994 年成为商品公司（commodities corporation）的一名交易员。商品公司总部位于新泽西州普林斯顿，它是知名的趋势跟踪交易公司，被誉为"交易的孵化器"。

商品公司帮助许多知名交易员开创了他们辉煌的职业生涯，如迈克尔·马库斯（Michael Marcus）、布鲁斯·科夫纳（Bruce Kovner）、埃德·塞柯塔和保罗·都德·琼斯（Paul Tudor Jones）等。1997 年，高盛集团收购了该公司。

商品公司是以基本面分析起家的交易公司，但该公司后来终于明白，趋势跟踪交易才是真正的赢家利器。

德鲁里在商品公司这棵大树的保护下独立操盘 [更多内容请参见我的《海龟交易特训班》（*The complete Turtle Trader*）]，但正是 1995—1996 年粮食市场的牛市促使德鲁里最终从基本面分析者转型成百分之百的系统化趋势交易者。

仅用基本面分析方法是不可能在那些小麦和玉米的大牛市中大获成功的。德鲁里明白这一点。

埃德·塞柯塔是另一名促使德鲁里进一步转变为一名完完全全的趋势交易者的人。他通过商品公司与塞柯塔相识，塞柯塔促使德鲁里在技术分析领域进行更多的研究。

> 我决定放弃作为一名行业专家的经验，接受系统化的交易方法，这种方法最大的好处是可以对广泛的研究成果加以应用，交易方法具有一致性，同时还是一种适用各种市场的多元化交易。
>
> 举例来说，如果我们对一种交易规则感兴趣，我们可以把这个交易规则用于一个包含 70 种投资产品和 15

年历史交易数据的投资组合，并进行模拟交易。如果用 3
种或 4 种交易系统来进行模拟交易，就会更加稳定。这
样的研究方法具有那些自由交易者或基本面交易者难以
具备的优势。

德鲁里的五大生财之道

我想告诉你一些促使德鲁里变成成功趋势交易者的详情。正
如你在第 3 章和第 5 章中看到的那样，此处的这些条目都是一些
具体的规则，它们将为你的日常趋势跟踪提供指导。

1. **在你遭遇一连串亏损时，不要因为资金缩水而做出随意
的反应。** 根据日常的账户资金量来计算新的头寸规模，如每笔交
易中投入多少。这样一来，当你的账户资金减少时，你的头寸规
模就会相应地缩小。

2. **做出正确进场或离场决策。** 你应在趋势初期入场，同时
制定趋势下跌时的离场纪律。当趋势有利于你赢利时，应尽量在
市场中待的时间久一点。例如，在交易过的 30 个市场中，你应该
有 2/3 的时间在每个市场中都留有头寸，另外 1/3 的时间不在市场
中。这只是一些粗略的建议，通常还是要视市场的波动而定。

3. **在一个持续多年的周期中，当某个特定行业或特定的一
组市场在某个阶段表现良好时，接下来的阶段就会表现得不尽
如人意。** 市场总是有起有落的，但它与潮水的不同之处在于，没
有一种方法能够预测这种涨跌的趋势。

4. **在进行交易前，要计算交易中的风险。** 这件事并不复
杂，却往往被忽视了。交易头寸的规模应视你入场时市场的

波动情况而定，尽量不要一次满仓。

5. 投资组合应该高度多元化。大约一半的交易在利率市场、货币市场和股票市场等金融市场中完成，剩下的则是实物商品交易。德鲁里主要做的是期货交易，但你也可以考虑 ETFs。

听取入场信号，从价格波动中赚取利润

学习趋势交易的最佳方式之一是研究历史业绩记录，包括职业趋势交易者的年收益率（书末的附录 A 列出了大部分资料）。这些都是证据，能在交易时帮你树立信心。举例说明，德鲁里的交易策略帮他在 2008 年的金融危机中实现了 75.65% 的收益率。这样的回报率是共同基金做不到的。

2008 年年初，许多趋势交易者都看涨原油，因为原油价格已经接近 150 美元 / 桶。当时金属市场和粮食市场的表现也非常强劲，但到了 7 月底 8 月初时，几乎所有市场都开始发生逆转。包括德鲁里在内的许多趋势交易者都开始放弃看涨成为空头，并打赌随着市场的前行，最终一定会赚钱。请记住，有价格波动才有赚钱的机会。

德鲁里在 2008 年大获成功，罕见地接受了 CNBC 的采访。CNBC 的主持人很想知道德鲁里是如何取得如此漂亮的业绩的。如果一定要有一个答案，那么这将是一个听起来简单却充满深意的回答。

德鲁里在回答这个问题时，又提到了价格数据。德鲁里把他的趋势跟踪模型应用到价格数据中。他并没有对原油价格的涨跌还是横盘整理给出任何看法，而是去寻找某种价格配置。德鲁里

的模型收到了原油市场的入场信号，然后就开始看空。他知道原油价格即将涨到 150 美元吗？不知道。他知道原油会跌到 60 美元吗？也不知道。但钟摆总是双向摆动的，因此，他决定顺势而为。

没有哪种趋势跟踪模型可以洞察一切，也没有哪个人可以预测原油下个月或下一年的价格走势。作为一名趋势交易者，只要趋势还在继续，你只能尽力地去利用它，而且你必须遵循当前价格数据的指示，利用你的交易系统进行操作。也就是说，要活在当下。

危机爆发也可以是一场交易盛宴

我知道当其他人病急乱投医地去求助一种糟糕的投资策略时，运用趋势跟踪交易法通常能取得不错的业绩，德鲁里对此也非常清楚。当下一次危机爆发时，趋势交易将创造出很多交易机会，而且是巨大的交易机会！与只买黄金相比，这是一个好得多的投资选择。

如果你是一名技术派的趋势交易者，为投资组合设定了严格的规则，即便在市场价格螺旋式下跌的情况下，仍然有机会赚到钱而不致坐以待毙。

这种事情该如何解释呢？我们来考虑这样一种情况：当前你对债券市场崩盘或出现恶性通货膨胀感到非常担忧。这种情况有可能发生吗？当然有可能。不过也有可能是抑制通货膨胀的力量占了上风，从而导致利率仍然维持低位运行，同时债券市场保持着强劲的势态。不论发生哪种情况，你在管理趋势跟踪投资组合的过程中，都必须遵循那些无论发生什么事情都能让你赢得胜利的交易规则。绝不能玩全凭运气的猜谜游戏。

更糟糕的是，我们来看看经常被媒体吹捧的大多数对冲基金策略的一个基本前提：均值回归（mean reversion）。"均值回归"是指假如一个投资者认为自己发现了延展市场中的错误定价，就会期待价格回归到正常水平，不管这个正常值是什么。许多对冲基金正是这么做的。这种做法不适合长线投资，也背离了市场的规律性。

趋势交易者的做法正好相反。你寻求和坚持的是定向移动，即是趋势。不要把它想得过于复杂了。

15 年的基本面分析老手为何"叛逃"趋势阵营？

你从德鲁里的职业经历中可以学到真正的生财之道，这正是我们对他感兴趣的原因。德鲁里早期是通过分析基本面来做交易的，不仅在大学期间，毕业后的一两年里也是如此。他以基本面分析的方式从事粮食交易总共持续了 15 年。他进行交易的品种十分有限，只专注于几个特定的市场。

15 年后，德鲁里发现要做出改变还不晚。他成为趋势交易者的方式与我所知道的其他趋势交易者非常不同，因此，我们从德鲁里那里得到的教训：通往系统性趋势交易的成功之路并非只有一条。

我们每天都会接收到无数新的信息。问题不在于你是否足够幸运，能读到本书中有关趋势跟踪的内容，重点是你了解了趋势跟踪后将会如何去做。

投资大师的建议

基本面交易者和趋势交易者有着不同的决策框架。你必须知道你的决策框架是什么。

过去的德鲁里可以一整天只跟你谈论粮食市场，因为他喜欢这个。当他是一名基本面交易者的时候，谈论的大多是价值。例如，当玉米的价格在 2.25 美元时 ，你认为还会上涨，可能是先会下跌 0.15 美元，然后再涨 0.6 美元。获得这种回报丰厚的冒险很让人心动，于是你可能会进行买入操作。

要是波动幅度增加 1 倍，你又会怎么做？这里的风险报酬率发生了较大的变动。可能还有新的信息支撑你原来的假设，但风险报酬率已经发生了变化。一名信奉价值投资的谨慎交易者认为合理的做法就是根据已经发生改变的胜算选择离场或者减仓。

相反，一名遵循价格行为的技术分析交易者可能会做出完全不同的决定。基本面分析交易者察觉到价值机会后，会认为是一个趋势的开始，但他们通常不知道如何利用一个明显的趋势。

同样的市场信息会导致完全不同的交易行为，这是因为基本面交易者和趋势交易者的决策框架是完全不同的。从风险的角度来看，基本面交易者实际上在承担风险的同时放弃了潜在的大趋势。为了尽量规避这种风险，他们实际上承担了更大的风险。

第 8 章

"割肉"止损

控制风险的最佳工具

卡沃尔说，风险管理是趋势交易的核心。范德格里夫特是如何看待风险管理的？除了通道突破、趋势跟踪，还有哪些指标？区区 3 个百分点，为何会造成穷人和富人的天壤之别？

贾斯汀·范德格里夫特：谨慎的数字狂热者

查德威克投资集团（Chadwick investment group）

这是一家另类投资管理公司，交易的市场多样化，包括货币、能源、粮食、金融和股指期货等，很少有公司可以将一个投资工具交易运用到这么广泛的市场。自 1993 年成立以来，公司每年收益率都超过标普 500 指数，特别是 2008 年的收益率高达 82.6%。

8

胜算最高的交易，通常也都是顺着趋势方向进行的交易。如果你尝试与趋势抗衡，就等于与市场动能抗衡。

在交易当中，你能控制的因素只有一个：愿意承受多大的亏损。至于能够赚到多少是你无法控制的，不论你的愿望多么良好与乐观，你都无法让这个想法按照自己的意志来实现，你能做的就是在出现亏损时停止交易。伟大的交易者都明白：随时应该知道自己能承受多大的亏损。

这就是风险管理的精髓，同时也成就了贾斯汀·范德格里夫特（Justin Vandergrift）这名成功的趋势交易者。他的经历和教训构成了另一个振奋人心的故事，这个故事能够帮你树立信心。在你自己进行交易时，也可借鉴其中的经验和教训。潜心钻研，成功就在眼前。

在你眼中，白糖只是那种在杂货店花 5 英镑就能买到的东西，而不会成为一个可以通过交易来赢利的市场，对吧？谁会突发奇想地认为可以通过买卖白糖来赚钱呢，即使我们根本不需要白糖？若干年前的我肯定也这么想。

在计算机图表出现以前，范德格里夫特十几岁的时候就开始在方格纸上绘制市场行情图表。与数字的亲密接触让他和图表之间建立了一种紧密的联系，这正是如今的计算机图表和所有花哨的交易软件中所没有的东西。

在此之前，范德格里夫特还在从事诸如整理杂货和其他跑腿的工作，他做这些事情就是为了存钱，然后用他父亲的账户做白糖交易。但事情并没有那么顺利，范德格里夫特很快就得到了惨痛的教训，使他明白交易总是有涨有跌。亏损让人痛苦万分，如何才能找到成功的方法呢？

在交易游戏中，获胜代表着一切。我们成长的过程中也持有相同的想法，每个人都希望赢。在大学里玩棒球时，我就十分争强好胜，总想着要赢，但并不是每个人都擅长体育运动。

范德格里夫特是班里年纪最小的学生，高中毕业时只有17岁，不仅年龄最小，身材也十分矮小。体育运动怎么可能激发他的动力，培养他的竞争意识呢？范德格里夫特深知，能让他赢得胜利的战场是教室而非操场。他发现高中10个"运动健儿"当中，9个都不可能在金融战场上有所作为，而这正是适合范德格里夫特崭露头角的乐园。多数运动员都认为只有在运动场上才能激发人们获胜的动力，但实际上，许多具有竞争意识的人从未踏入运动场半步，但并不意味着他们没有获胜的欲望。

我不在乎你每天都在做些什么，不论是做交易还是别的什么事情，你一定要有求胜的动力、追求卓越的动力和打败竞争对手的动力。如果你不具备这些动力，就去找一份为别人服务的工作吧，或者看看"买入并长期持有"的共同基金能为你做些什么。如此一来，你倒是可以过着更加安稳和惬意的生活。

两大趋势跟踪指标：移动平均线与布林线

范德格里夫特就读于北卡罗来纳大学夏洛特分校，学校的图书馆藏有许多有关交易的投资类书籍。大学 4 年里，他几乎读遍了能找到的所有关于如何在市场中取胜的书。他所读到的大部分书并没有太多价值可言，但范德格里夫特认为每本书都有一些可取之处，不论这点益处有多么微不足道。

他很快发现大部分书籍都会提到交易方法或交易体系，就连写于 20 世纪 50 年代的书也不例外，这些书中都有可供你选择并用于交易的技巧。范德格里夫特在大学期间购买了 super charts（trade station 的前身）。你可以用 trade station 编写交易规则和测试你的系统理念。如果你想测试某个交易系统、交易理念或交易方法并看看它是如何表现的，那么 trade station 能够把测试结果以图表的形式显示出来。你想在 100 天的突破处买入，或在 100 天突破处卖出，或者测试它在不同市场中的表现，或者何时出现暴涨，通过 trade station 很快就能看到结果。这种实验性质的交易可以帮你在真正交易前树立信心。

这是范德格里夫特在开发出自己的趋势交易系统前的经历，可是他做的这些事情是没法帮他偿还账单的。大学毕业后的范德格里夫特急需一份工作。

他需要先写一份简历。可那时候简历的作用不大，要想谋得一份工作，光靠发简历是不够的，今天也是一样。于是他开始通过打电话来推销自己。范德格里夫特每个月都尝试联系一位成功的经纪人，总想着会有人向他敞开机会的大门。只有一次电话拜访让他认识了一名商品交易员。

范德格里夫特希望能在午饭时间跟他聊聊，那名商品交易员拒绝了，但还是给了他一次机会："你要是真想进入这一行，那就从商品期货做起吧。先去拜访这位老人，他住在北卡罗来纳州亨德森维尔的群山里。"

他继续说道："你可以去拜访一下约翰·希尔（John Hill）评级公司。"范德格里夫特便立即拿起电话打了过去。

假设你面对这种情况会怎么做：马上打电话过去？迟一些再打？一直拖延下去还是找个借口就作罢？或者干脆放弃跑去汉堡王卖汉堡？

范德格里夫特毕业的那天是星期六，星期一的时候他就去上班了。他已经做好了学习交易方法的准备。

我在 futures truth 第一次见到了范德格里夫特，当时他声称要对各种交易系统进行独立的评估和排名，这是他一直梦想要做的事情。通过这种评估和排名，他能够知道哪些系统是有效的，哪些系统是无用的。

就像范德格里夫特一样，你也会发现，许多交易系统之所以会失败，最主要的原因就是缺乏风险管理的功能。而优秀的软件之所以优秀，是因为它们具备一些通用的交易规则，能在不同市场中始终如一地表现出风险控制功能。

在你所接受的投资教育中有一些通用的趋势跟踪指标：低位／高位突破（high/low breakouts）、一次移动平均线（single moving average crossovers）、复合移动平均线（multiple moving average crossovers）和布林线突破（bollinger band breakouts）。

我已经对趋势指标中的"突破"进行过论述，现在我要说说其他一些基本的趋势跟踪指标。

移动平均值 (moving average)：该指标反映的是一段时期内某只股票的价格平均值。我们用移动平均值强调趋势并平滑了价格波动。在一个使用两种移动平均线的交易系统中，当短期（较快）移动平均线向上突破长期（较慢）移动平均线时，系统就会发出买入信号；当短期移动平均线下穿长期移动平均线时，系统就会发出卖出信号。交易系统的速度和系统所生成买卖信号的数量取决于移动平均线的长度。

例如，将最近 50 日的收盘价相加，然后用总数除以 50 即可得到 50 日简单移动平均线 (SMA)。要计算移动平均线还有很多更加复杂的方法，但简单移动平均线使用得最多。一般来说，移动平均线的采样时间为 20 日和 50 日，200 日移动平均线也经常会用到。

布林线指标 (bolinger bands)：约翰·布林发明的一种技术分析工具，包括依据市场价格得出的 3 条曲线：上轨线、中轨线和下轨线。中轨线反映的是中期趋势，通常为一条简单移动平均线，同时也是上轨线和下轨线的基础。上、中、下轨之间的间隔宽度取决于股价的波动幅度，通常为用于取平均值的同一组数据的标准差。可对默认参数 20 日周期和两个标准差进行调整。

在不同的趋势跟踪法里，进场技术和离场技术是有差异的。如果不考虑精确的时间点，那么进场和离场大多数在差不多的时间发生，所以不要太过于在意买入时间。虽然进场和离场的时间是交易新手最为关注的问题，但在趋势交易者的菜单中，它也只是帮你赢得胜利的一碟小菜。

那么更重要的东西是什么呢？相比于担心如何选准一个精确的入场时间，资金管理对你获得成功要重要得多。原因何在？因为我们的资金是有限的！那么我们应该在每笔交易上投入多少资金呢？这又引出了本书其他章节都谈论到的风险话题。风险能够产生利润，如果不存在风险，就没有交易的动力。简单来说，如果交易是一件很容易的事情，你也就不可能从交易中获得回报了。所以你必须学会控制风险。

既然交易的准备工作全部就位，范德格里夫特也就没必要在futures truth 待下去了。他的身上涌动着企业家精神的血液。

灾难的教训：认清资金管理的重要性

实现你交易目标的唯一方法是用系统化的方法做交易。要想赚到大钱，必须设定交易规则。导致大多数散户投资者破产或在市场中昙花一现的原因就是他们没有为坚持一种交易系统制定严格的纪律。这些散户投资者总是想着迅速暴富或马上解决问题。

不幸的是，每年有上百万的投资账户因为一些基本的错误而破产。最常犯的错误是什么呢？你刚一建仓就开始亏钱，但你的直觉告诉你要坚持下去，情况会向你希望的那样发生好转的。只要你持有足够长的时间，就不会发生亏损。反弹一定会出现吗？事实并非如此。

交易系统不会考虑情感因素，将一切的期盼和欲望都排除在等式之外。一旦人们了解了这一点，他们就会为此而着迷。就让系统去做它该做的事情吧，最终一切都会按照事情本来的规律发展。这才是成功之道。

和许多趋势交易者一样，范德格里夫特通过大量的研究发现，唯一能在长时间内有效的交易系统就是长期趋势跟踪。

然而直到范德格里夫特将资金管理引入他的交易系统后，他的辉煌时刻才真正到来。

许多人声称自己是趋势交易者，但他们所做的事情不过是观察一下100日移动平均线或布林线指标。就像我之前提到的那些人一样，他们根本没有什么资金管理计划。

我可以举个例子说明这种情况，并解释资金管理的重要性。离范德格里夫特居住的北卡罗来纳州不远的地方有一家资金管理公司，由当地的交易团队组建。该公司曾荣获重要的交易期刊《期货》颁发的"年度交易明星"（trader of the year）奖。

范德格里夫特和这个团队的关系很好，也在关注着他们的交易情况。他看到他们做了一笔10年期国债期货合约和一笔欧元期货合约。范德格里夫特对此非常不解："你们是在开玩笑吧？为什么要这么做？即便从保证金水平来说，10年期国债的杠杆是欧元的3倍。为何不以3∶1的比例配置欧元和10年期国债呢？"

面对这种情况，你会试着搞清楚这中间的差异吗？你会从何处着手？范德格里夫特的做法是直接给他们打电话，质问他们为何在面对风险问题上，对所有的市场都一视同仁。

他们立即打断了范德格里夫特："我们就是这么做的，我们不接受你的质问。"

麻烦即将显现。没过多久，范德格里夫特发现他们的交易计划完全失败了。他知道风险管理对所有交易市场都是同等重要的，从风险的角度来说，这一点至关重要。你不能只对某个市场情有独钟，而忽略了其他市场。而这正是该交易团队的所作所为，因此，他们的计划失败了。在现实生活中看到某人破产的过程是极富教育意义的。

在某种程度上，看到这个交易团队失败的经历推迟了范德格里夫特成为一名趋势交易者的时间。要是这个公司未曾有过如此惨痛的经历，也许范德格里夫特不会在资金管理方面进行大量的研究，并最终相信资金管理的重要性。那样的话，或许只有在范德格里夫特亲身经历了同样的灾难后才会吸取教训。

标普指数能否为你带来卓越回报？

你的目标是什么？你想要什么？你想赚多少钱？你做交易的动机是什么？除了赚钱之外，你还有别的交易动机吗？如果有的话，请停止交易。范德格里夫特说得很直白："如果明天我死了，人们会因为他们的年复合增长率和我的年平均收益之间的标准偏差那么多而记住我吗？不会！他们只会记得我的交易为他们带来了财富。这也是我的全部动力。我做交易不是为了某些晦涩难懂的统计数字。我希望人们能赚到钱，并由此改变他们的生活。"

要想获得足够的交易信心和满足感，你一定要向其他交易员学习。

我从趋势交易者比尔·邓恩身上获益良多，范德格里夫特也有着同样的经历和感受。相比阅读《期货》杂志和其他老牌技术交易期刊上的文章，关注比尔·邓恩的交易记录和每月的绩效数据让范德格里夫特学到的东西更多。

比尔·邓恩对他的趋势跟踪交易系统充满自信,因此,他能够从 20 世纪 70 年代初便一直坚持使用该系统,这证明如果你的目标是一记本垒打的话,就会给你带来强大的动力。

邓恩的目标不仅仅是一记本垒打,他想要的是大满贯。这才是他的目标。他很好地完成了这个目标,始终如一地坚持了几十年。

要达到范德格里夫特的信念和达到邓恩的交易纪录并非易事,因为对你产生干扰,迫使你远离真正目标的干扰因素实在太多。看看 CNBC 播出的节目,他们天天在说现在最好的股票是这个,是那个,但是他们绝对不会经常提及这样一个事实:纳斯达克正处于一个 10 年的下跌之中。没人会告诉你在经历了 10 年的买入,并持有共同基金之后,标普指数又回到了接近零增长的状态。

趋势跟踪的目标可不是这样的。它的目标不是实现平均收益,而是高于平均收益。

范德格里夫特也谈到平均收益。他曾经和一个非常成功的医生进行交流,这个医生一直在说指数投资和标普 500 指数。范德格里夫特立刻打断他:"在你进入医学院学习的时候,你想过要以 C 等成绩毕业吗?"医生回答说:"没想过。"范德格里夫特继续问:"你希望把孩子送到一家三流学校去读书吗?"医生回答:"当然不希望。"

范德格里夫特接着说:"可为什么你对钱的态度却是这样的呢?标普 500 指数反映的不过是股市的平均表现,取的是美国 500 家最大型公司表现的平均值,这个平均值实际上就是一个三流指数。为什么你只想通过投资来获得一个平均收益呢?"

这是每一个准趋势交易者都会被问到的最重要问题之一，但远远不止这些。

仅 3 个百分点造就穷人与富人的天壤之别

要想获得高于平均水平的收益，先要从追求复利开始。你想知道在美国成为穷人和富人或者说富裕的生活和贫穷的生活，这两者的差距是多少吗？3 个百分点，仅此而已。如果你每个月的年复合收益率达到 12%，30 年后，基本相当于一个人的平均工作年限，你所投资每 1 美元的价值将高达 35.94 美元。

假如将这 30 年里每月的年复合收益率提高到 15%，你能想象收益会发生什么变化吗？是多出 10% 还是 50%？都不是。30 年后你所投入的每 1 美元将变成 87.54 美元，这足足比每月为 12% 的年复合收益率高出 143%。

仅仅就增加了 3 个百分点，但 30 年后的年复合收益率就如此不同。

投资大师的建议

假如你持有一个跨市场的投资组合，并接收到了趋势跟踪系统的买入信号，那么在每笔交易上承担的风险应该是相同的。这一点对投资成功来说非常重要，无视这一点，破产对你来说就是大概率的事件。

我们来假设这样一个交易的例子：你在两个市场中交易。在这两个市场中，你所承担的风险分别为 1 000 美元和 250 美元。为了管理这些交易，并承担相同的风险，你在第一个市场中买了 1 手合约，而在第二个市场中买了 4 手合约。你对这两个市场一视同仁。尤其对期货市场而言，如果你同时做粮食和货币期货，这一点是至关重要的。

多数时候，1 手粮食期货合约的规模更小一些，也就是说它所控制的资金比大多数货币期货合约要少。如果你不通过交易更多的玉米期货合约补偿资金量更大的货币期货合约，那么从风险的角度来说，相比粮食期货合约，你就更偏重于货币期货合约了。

第 9 章

交易"万能定律"
趋势跟踪对股市投资同样有效

克里滕登和威尔科克斯注意到一个奇怪的现象：很少人关注将趋势交易应用于股市，而他们却抓住了这个很好的获利机会。趋势跟踪对股市投资同样有效吗？

一个富豪家族在市场上行时运筹帷幄，赚取亿万回报，为何在市场下跌时乱了阵脚，选择加大杠杆酿成悲剧？许多投资者听从专家建议购买了黄金，有多少人知道接下来怎么做才可以保证赚钱？

埃里克·克里滕登：从普通老师到顶尖交易员

科尔·威尔科克斯：白手起家的股市投机者

长板资产管理公司（Longboard asset）

　　一家专门研究管理期货趋势的资本管理公司，总部在美国凤凰城。该公司 CEO 一直致力于研究 20 世纪 90 年代后期以来的趋势跟踪策略，除了《趋势交易》，公司还被《常青藤投资组合：如何像顶级捐赠基金那样投资并规避熊市》《趋势跟踪》等书当作案例引入。

这个世界上根本没有什么真正的绝招，假如你确实得到一条内幕消息，恐怕你还没来得及使用它就进监狱了。

不可知论的核心理念：否认可以通过某种方式认识世界，拒绝尝试对未知事物建立坚定的信念。最近这段时间，我很习惯于相信这样一个概念：无论牛市还是熊市都能赚到钱，不去考虑市场本身。有时我会忘了普通交易者和投资者对这个概念是很陌生的。

这就像过山车，一会儿爬升，一会儿俯冲，我们没有一个可预测的模式来确定它何时会爬升、何时会俯冲。因此，解决的办法只能是等待，市场以固有的趋势运行，我们只需跟踪这个趋势就好了。埃里克·克里滕登（Eric Crittenden）和科尔·威尔科克斯通过他们的趋势交易对这个重要法则进行了证明。

多年来，无数对冲基金、商品交易顾问、自营交易员和全球宏观基金利用趋势跟踪法从全球期货市场成功攫取了巨额财富，但很少见到将趋势跟踪策略用于股市交易的研究公开发表，即便100年前趋势跟踪就被应用于股票交易。就连股指交易也已经流行了多年，但很少有人会关注将趋势交易应用于股市。

克里滕登和威尔科克斯注意到，过去没有上市公司运用趋势跟踪交易股市，但不明白其中的原因。这种现象是说不通的，因为全世界的大量资金都流入了股市。

他们开发出一种针对股市的趋势跟踪法。基本方法就是买入突破性股票，然后随着股价的变动而使用移动止损（trailing stop）。要想有效地使用这种方法，你必须非常清楚风险与收益的关系，让机会朝着有利于你的方向倾斜。

完全忽略总统和媒体愚蠢的大肆抨击，你把自己当成一名职业的投机者，投机买卖是你的生命线。投机必不可少，可以为自由市场定价，没有投机买卖，你将一事无成。

对一名投机者而言，价格行为或价格波动是最为重要的，因为它是会在你的银行账单中呈现出来的唯一的东西。对长期持有、指数投资等较为笼统的理论抱有信任，这就像服用了具有高度成瘾性和昂贵的毒药。成功的投资者和投机者应对机构操盘持有一种深深的怀疑和本能的反应：机构操盘绝不可能让你获得长期的成功。

坚守理念，别在下跌时迷失方向

威尔科克斯白手起家，成长于一个普通家庭，很早就开始为生计操心。没有人能够在经济上助他一臂之力。

在威尔科克斯从事的第一份经纪人工作中，他抓住了一次成功的机会，拯救了他的命运。他从内心认识到一个赤裸裸的事实：如果他失败了，那么没有人会对他进行"资产重组"。

威尔科克斯知道，他必须帮客户赚到钱。他将全部的时间都放到交易上，没有时间让自己放松。那时的威尔科克斯只有 19 岁，他只知道自己不能浪费时间，而且也承担不起灾难性的损失。

他建立了一个还不算完善的交易理念，而且从不接受其他人灌输给他的东西，这一点或许值得你借鉴。他从小就是这样，总是通过不断地质疑来获取真相，从来不考虑后果。

克里滕登大学毕业后的第一份工作是高中老师。他教过的课程有商务数学、数据库编程和电子数据表编程。

他的生活轨迹很快就发生了变化。一个堪萨斯州的富豪家族在威奇托市设立了他们的家族办事处。克里滕登在那里获得了一份报酬丰厚的工作，他再也不用教书了！

这可不是一个懒散度日的家族。他们在 1996 年以 2 500 万美元的资金进行投资，到克里滕登进入他们的家族企业时，该家族能够动用的资金已经接近 9 亿美元，这样的资产飙升速度可与互联网泡沫相媲美。

然而表面之下涌动着并不让人乐观的暗流。有时候，对某些人来说，一旦他们赚到了一定数量的钱，就会开始改变交易策略。克里滕登看到了这些潜在的灾难性情景，并试图评估风险发生的可能性。他很直率地说："这些人并不热衷于管理风险。"

克里滕登试图解释这些会让投资者马上进入亏损状态的风险灾难，但这些人并不想听他说那些话。他们希望克里滕登做一个快乐的啦啦队队长，而不是一个风险管理人。

终于市场在 2000 年开始下跌，但是这个富豪家族并没有卖掉亏钱的寸头，反而提高杠杆水平，希望能尽快赚回亏掉的钱。实际上，他们在抛售赢利的头寸，以便腾出资金重新买入亏损的头寸。克里滕登注意到这个正在形成中的灾难，提醒道："不，你们不能这么做。这会让你们亏得分文不剩。"

这个富豪之家的交易风格已经发生转变，已经不是当年的那个家族了，他们在行情上升时表现得有爱、善良，体面、大方，却在行情下跌时迷失了方向。这对他们的心理产生了影响，一切都只是为了挽回亏损。不过，他们并没有如愿。

克里滕登亲眼见证了这一争论灾难的过程，这对他产生了极大的影响。克里滕登开始变得消极懒散，于是他写了一封信，向那个富豪之家表达他对他们过于激进的风险偏好的不满。如果他曾关注过政治，并为自己可能工作不保而焦心，写这封带有辞职意味的信函对他的职业发展来说是不利的。

然而克里滕登或威尔科克斯在乎的并不只是一份工作。他们珍视的是那段创业的时光，或者说是两人相识的日子。克里滕登结束了在富豪家族的工作后，决定前往加利福尼亚。就像《奔向加州》（*Going to California*）唱的那样，这是一个全新的开始。

在前往加州途中，克里滕登顺道看望居住在亚利桑那州的母亲。他很喜欢亚利桑那州，于是便留了下来，他开始四处投简历。这又是一个经典的"世界真小"的故事，一份简历摆在了经纪人威尔科克斯的书桌上。

找到研究起点：将趋势跟踪应用于股市

克里滕登回忆起第一次在威尔科克斯的办公室里见到他的情形：他头戴耳机，衬衫松散地搭在裤腰外面，威尔科克斯看上去就像是已经跟世界拳击冠军乔治·福尔曼（George Foreman）大战了 12 个回合的样子，或者像一个极度干渴的家伙。克里滕登暗自想着："你的一天通常就是这个样子吗？"他可不想和这样的生活有任何关系。

不过他俩还是一拍即合，决定一起做一个项目，证明那些投资导师们的华尔街经典理论和原理是否正确。他们面临着一个不小的问题：在交易中，哪些方法是有效的？哪些是无效的？

他们测试的那些交易理念没有一个是有效的，或者说没有可以持续有效的交易理念。

如果你的交易理念不起作用，那么有效的交易理念在哪里呢？这是他们所面临的下一个问题。当他们开始展开对交易赢家的研究时，趋势交易者塞勒姆·亚伯拉罕（Salem Abraham）是第一个让他们感兴趣并想从他身上学到更多东西的人。

2002 年年初，他们见到了亚伯拉罕，并开始接触趋势跟踪的世界，在我的《海龟交易特训班》一书中还有关于塞勒姆·亚伯拉罕的更多信息。他们花了大量时间浏览亚伯拉罕的标准信息披露文件，这也是我早期关注的信息之一，同时他们还阅读了一些关于亚伯拉罕的文章，他们想知道他是如何赚到如此巨额的财富的。

他们继续尽可能多地研究趋势跟踪前辈们背后的系统化方法，包括本书前几章节介绍的几位趋势交易者。令我没想到的是，他们说我的 turtle trader.com 网站对他们的研究过程帮助很大。

他们订阅了多个数据库，这些数据库会报告职业趋势交易者的业绩表现，并开始对这些交易者进行量化评估和定性评估。与我的经历大致相同，他们的方式是与尽可能多的伟大趋势交易者交谈,而且自掏腰包飞往全球各处传播自己的理念。有些人会想，如今寄封信或发封电子邮件就能联系上一名拥有传奇的交易业绩的听众，换种聪明点的做法吧。

他们发现大多数传统的趋势交易者从不关注个股，他们多半做的是股指期货。这是一个多年研究项目的启动基点，而该项目要确定的是系统化趋势跟踪策略对股票交易的可行性。

他们的研究和你的交易有何关系呢？关键在于这个过程。你需要学习的是他们的研究过程。他们不要求永远正确，但是不能重复犯错。威尔科克斯总是不断问自己："我错了吗？"但其他人却往往只会问自己："我是对的吗？"如果你不是像科学家那样，带着真正的好奇心来提出正确的探求性问题，那么你不可能获得正确的答案。

成功是不断试验和犯错的过程。尝试某个事物，观察结果，然后排除那些无效的因素。科学的方法并不是要证明什么，你能做的就是对各种理论提出反驳，然后掌握仍然存在的优势证据，只要你无法反驳，那么剩下的那些就是你可以接受和认同的理论。假如有一天在 CNBC 上看到乔·克南（Joe Kernen）也这么说，是不是一件美妙的事情呢？

安全边际的缺失促使克里滕登和威尔科克斯对投资导师进行分类，为了尝试并确保投资成功。汤姆·巴索是当时菲尼克斯地区非常成功的趋势交易大师，他为他们提供了原始资本，最初巴索是原公司的合伙人。有些读者可能会记起杰克·施瓦格尔（Jack Schwager）在他的经典著作《新金融怪杰》（*The New Market Wizards*）中对巴索有介绍。

巴索很喜欢他们的思路，并为他们指明了正确的方向。他会说："跟他们聊聊吧，他们很不错。其他几个人不用理会。"这听起来似乎很简单，但如果有一个有着几十年经验的人为你指出正确的方向，你必须深入理解为什么他的智慧是与众不同的。

你会不会只是表示相信，但并不进行验证？这样当然不行，特别是对于多年来有着不错业绩的交易员，学习巴索的智慧会为你的交易成长之路节约不少时间。为什么乔·托雷（Joe Torre）作为一名棒球比赛的经理的专业知识是无价的？因为他曾有过棒球经验，而且取得了不错的成绩。当然，你也可以从头开始学习，但为何不选择一条捷径呢？这也正是我写本书的目的：帮你更快地实现目标。

课本学不到的交易获利知识

从一开始巴索的重要教诲就让克里滕登和威尔科克斯受益良多。巴索直言不讳地说："交易真的不难。持有赚钱的资产，制定交易规则，抛掉亏钱的劣质资产。拿走市场能够给予你的，你就能在这个行业里获得成功。"

克里滕登补充说道："第一，不要超额下注；第二，跨市场多元化配置资产。也许你见过某个交易业绩不错的家伙长期只做标普股票交易。但这些人的成功是无法持久的。"

假如你从街上随便找个人，给他一大笔钱，不给予任何交易指示，然后让他去做交易。他会将那些可能赢利的资产抛售掉，然后成倍增加可能亏损的资产。他还想尽力去争取一个更高的胜算，他的亏损资产规模会大于赢利资产的规模。一段时间之后，他的账户资金将会变为零。

你在大学里也不会学到正确的方法。威尔科克斯说："如果你来到一所大学，那里有宏伟的教学楼，有公寓、教授和在此工作的形形色色的人。而我们必须创造一所属于我们的趋势交易大学。"

没有哪所大学或班级会教你如何成为一名成功的投机者。这样的学校是不存在的。那里没有你需要的东西。学校会教你一些别的东西，但不管是什么，肯定不可能教你如何成为一名成功的投机者或如何赚钱。

我们要面对这样一个事实：学校只会教你如何适应既有的体制。你必须问自己一个重要的问题："适合我的正确体制是什么？"多数人只是接受现状，拿到学位，然后去适应既有的条条框框，按照别人的要求做事。临到退休，你只有带着你那落伍的想法，清空柜子卷铺盖走人。毕竟《办公室风云》(The Office)[1]曾经广受欢迎，因为它所讲述的就是一个极其现实的世界。

克里滕登和威尔科克斯总是采取提问的方式来研究一个系统，他们会问："这是一个正确还是错误的系统？"大多数人并不会这么做。

当老师在授课时，学生举手提出异议，通常老师会打断他，让他接受教材上的观点。许多老师都不会发起讨论或进行推理，他们都是班级里的教皇。话说回来，他们也只不过是整个体系中的一个齿轮，这是个不允许太多异教徒存在的体系。

你买入黄金后是否在"裸泳"？

说到黄金这种当前超级热门的投资产品，威尔科克斯提出了一个反直觉的见解："从技术上说，购买黄金是一种交易策略，

①英国喜剧，主要描述公司职员的日常生活。

而不仅仅是一个交易手段。如果你观看电视上有关黄金的财经节目，他们就会建议你买黄金。你买入了黄金，这时你只是完成了某种策略。现在，你要明白的是策略不一定提供一个离场时机，这可不是个小问题。很多人听说可以购买黄金，于是就认为市场会建立一种金价下跌时的保护策略。买入之后呢？哪怕只是购买黄金就能让你费脑子好好想想了，然后呢？"不幸的是，人们做决策时只关注回报，他们从不在乎所做事情中蕴含的风险成分。

在购买黄金这类资产时，如果你不了解什么时候可以卖出，你也不可能了解什么是风险，因为你根本就没定义过风险。假如，我制订好计划要在 X 价位时买入黄金，在 Y 价位时卖出，并决定购买 X 美元的黄金，那么我可以确定的是，如果金价下跌，那么我将会亏掉这么多。你把风险限定在一定范围内，这样你就可以了解风险。如果你只是购买黄金，却不设定一个离场的时机，那么你就无法控制风险。如今还有很多人在黄金市场中裸泳吗？肯定还有。

你想表明一个观点，即从来都不会每天关注交易的收益情况。优秀的趋势跟踪策略会让你始终处于这种思维框架中。你应该了解自己的离场策略，否则，不要决定如何分配投入的资金。

一旦入场，你能控制的只有何时离场，你无法控制市场未来的走势，但如何做出应对是你能控制的。

任何人都无法控制未来发生的事情，你所做的分析也于事无补。为什么要把时间和精力都用来预测一个你无法掌控的未来？其他人也无法做到这一点，电视上那些正襟危坐的专家不比你知道得更多。

想在短期获得更多收益而甘愿承担更大风险，这是造成长期灾难的最大因素。假如你承担过度的风险，它将会吞噬掉你全部的资金，让你变得分文不名，但是在短期内，你可能根本意识不到。你当然不希望经过1年、5年或者10年的努力之后，把资金全部赔光。

最终，你面临着人类做决策时的一个自然偏见，即收益表现。假如某个家伙是优等生，那我们就会自然而然地假定他很聪明，对吗？又假如某个货币经理有着良好的业绩和五星级基金评级，这会证明他是优秀的基金经理，没错吧？事实未必如此。你怎么知道他是否优秀？你必须对他业绩的形成过程进行评价。不这么做的话，你就什么都不会知道。在进行趋势跟踪时，请牢记这一点。

投资大师的建议

从数学的角度来说，你的行为确实必须与大多数人相反，否则，你就无法保持业绩领先。

他们更关注的是表象，而不是结果。很多人都在交学费，去享受那些他们认为健康的交易。而你必须与他们相反，你要追求的是高回报，但胜算很低的交易，换句话说，就是收益起伏不定的交易。这才是有效的方法。

趋势跟踪对股票交易同样有效。有两个家伙曾经写过一篇让我们受益匪浅的文章，文章名为《趋势跟踪对股市投资有用吗?》，两人在文中概述了他们的交易策略。他们使用了 10 期 ATR 止损的方法。ATR 表示"真实波动幅度均值"(average true range)。真实波幅指的是一天里某只股票的波动幅度，类似于标准差，但真实波幅包括了缺口，如果股票有上涨缺口或下跌缺口的话。

通用公司目前的真实波幅均值可能为 0.8 美元，这是典型的日波动幅度。因此他们将 ATR 乘 10 倍，并从买入价开始跟踪当日最高价。他们的平均止损位是一只典型股票价格的 28%~30%。对波动性很大的股票而言，也许是股价的 50%；而对波动性很小的股票而言，也许只是股价的 10% 或 12%。真实波幅均值测量的是当前股票的波动性，因此，你的跟踪止损位应根据每只股票的波动性进行调整。这种反直觉的思维方式才是你需要的。

第10章

有效的量化模型

完胜所有市场的赢家利器

克拉克，一位不合群的编程爱好者如何一举成为数千万美元的操盘手？他对石油行业、中东地区政策与局势一无所知，却能在正确的时机看空石油，在随之而来的下跌趋势中赚取高额利润。他做出此判断的依据是什么？看似毫无关系的市场，它们之间是否具有共同特性？大部分投资者不喜欢波动和变动，为何克拉克反而说"不断变化的市场是我们的财富之源"？

迈克尔·克拉克：放荡不羁的交易极客

克拉克资本管理公司（Clarke capital management）

　　成立于 1993 年 9 月，作为商品交易顾问管理着 7 只管理期货基金，资产规模共达 8 000 万美元。Millennium 是旗下最大的一只基金，2008 年的收益率高达 82.2%。公司曾四次被《期货》评为"年度交易明星"，也是至今为止获得此殊荣最多的公司。

10

投资者必须了解会影响投资组合的趋势，这样不仅可以免受宏观环境带来的损失，还有利于利用趋势变化获利。

很多人刚开始做交易时都会这么想：我如何才能在大豆、黄金、小麦、苹果公司股票、日元和瑞士法郎的交易中都获得好的业绩呢？在交易新手的眼中，这些市场毫无共同之处。但只要你稍微回顾一下交易历史，分析一下它们的价格数据，你就会发现，实际上，所有市场都具有一个重要的共同特性。

现在闭上眼睛，想象墙上挂着一张价格图表。你不知道这张图表的名称，这只是一张图表而已。如果把图表的抬头去掉，你是否觉得它可以表示任何市场的走势？真的存在什么不同之处吗？

真的需要在乎石油背后的经济运行情况吗？你真的只关心这笔交易能否为你带来25%的回报率吗？假如这25%的回报来自大豆或巴西雷亚尔市场，你会怎么办？为什么你要在乎这25%回报来自哪里呢？

要回答以上问题，你就必须对迈克尔·克拉克（Michael Clarke）和他的投资思想进行一番了解。

在过去将近 20 年的时间里，克拉克为客户操盘的交易金额达数千万美元之多。

他为客户带来的利润让任何一名投资者都无话可说。下面讲克拉克最伟大的一个成功案例。2008 年夏天，当原油价格在 140 美元上下徘徊时，克拉克开始看空原油。

他坚持看空，直到石油跌至 80 美元才离场，克拉克在这轮下跌趋势中赚得盆满钵满。克拉克并不是石油行业专家，其他做石油交易的趋势交易者也不是该领域的行家，对石油输出国组织（OPEC）的政策和中东地区的紧张局势也并不熟悉。他们对以上这些领域都不在行。

克拉克并非一开始就是一名趋势交易者。

1967 年克拉克刚进入大学开始学习编程，满脑子想的都是数字："当时我想列出从数字 1 到 5 所有可能的组合，于是我就编写了一个小程序。"他用循环语句编写了一个程序，一个循环套着另一个循环，他发现互相套嵌的循环是编程成功的基础。这就是克拉克的顿悟时刻。

他暗自想着："天啊，这实在是太棒了！既好玩又充满挑战，它让你去思考。"这种感受让克拉克迷上了计算机编程"游戏"，这个思考的过程为不久以后他在交易领域的经历做好了充分的准备。

克拉克毕业后第一份工作顺理成章地选择了软件开发员，他说："我喜欢为各种企业，尤其是制造企业开发集成软件解决方案，这是一种挑战。通过开发系统解决原材料加工、产品营销，以及为销售产品筹资等问题，这是一个复杂的过程。开发员必须对统筹所有事物的整体概念和实施细节非常熟悉。"

就像我们经历过的那样，克拉克也试着在企业中磨砺自己。他曾在大学期间的一次编程比赛中获得第一名。这个奖项相当于一块能去宝洁公司的敲门砖，对熟悉宝洁公司，以及在辛辛那提市创造的传奇故事的人来说，这是一个不小的机会。克拉克只需通过一个走过场的面试就能得到这份多数人梦寐以求的工作。他的一只脚已经跨入宝洁公司的大门，但那时的克拉克外表看起来有点小"疯狂"，大概类似于摩托车和长头发之类的形象。

他去参加面试时全然没有在意自己的打扮，而宝洁公司可是"白衬衫加领带"的风格。虽然参加了面试，但机会就这么与他擦肩而过了。后来他听到一些反馈："没人会喜欢你这种打扮。"

克拉克知道，转行的时候到了。不久，华尔街对克拉克发出了召唤，那是蕴藏着真金白银的地方。然而，克拉克并不是一个优秀的推销员，1987 年股灾和 1989 年小股灾相继发生，致使克拉克不得不继续寻找他的人生方向。

他必须找到一种更新、更快的方法，但有一个问题：他无法让其他认识的人相信他正在做的事情。

克拉克开始研究交易系统。一开始，他购买了一套 system writer plus 软件，用来验证他的技术性买卖理念，后来他发现这套软件无法实现他的想法。最终，他不得不咬紧牙关，自己开发出一个系统测试平台。克拉克从零开始，培养了用平台测试自己的程序化交易系统的能力。

克拉克读过不少有关交易的书，但是他发现第一本详细阐述趋势交易系统的书籍是布鲁斯·巴布科克（Bruce Babcock）所著的《高级技术分析》（*The Business One Irwin Guide to Trading Systems*），这本书对克拉克的早期交易帮助很大。巴布科克在书中描绘了一个在所有市场都能赢利的系统。

这是一个可被量化、系统化、异常稳健，且非常好用的系统。好似心口被猛击了一下，克拉克顿时受到了启发，一本书就能告诉你如何应用一些简单的交易规则来获利。"这简直太不可思议了！"克拉克暗自想道。书中的诀窍是什么？

为何趋势跟踪系统会这么有用呢？这没什么大不了的，克拉克也持有相同的观点。他所知道的是趋势跟踪交易系统已经使用了相当长的时间，但是许多人并未领会到其中的精髓。他们想知道的是："黄铜的行情如何？""你认为黄铜明天会是什么走势？""黄铜市场正处于牛市之中吗？""你知道发生了什么事情吗？"人们想听的只是故事。

趋势交易者从不探寻迹象，克拉克也不出其外。即便如此，如果怀疑论者想得到一个答案，那么他还是会把自己的想法告诉他们。最终又会回到这样一个事实：模型取得了胜利。他坚持自己的趋势跟踪模型："无论做任何预测，认为胜负概率各一半的观点都是没有意义的。让模型说话就够了。"

"我的观点是……但……"这类意见无法取代交易系统模型。

不跟系统较劲：治疗市场起伏的神奇药膏

如果克拉克的趋势交易模型发出"卖出信号"，克拉克就会卖出。他从不跟交易系统较劲。

克拉克把他所做的每件事情都编入软件程序中。当然，其中的大量工作还是研究和建立一个适用于你的趋势交易系统。一旦这个系统建立起来，交易规则也已经被编入系统以后，你就应该听从系统的指令。

根本就没有什么基本面分析之说，没有农作物报告、美联储观察、OPEC 新闻、失业率报告等。你也可以把基本面信息放到模型中去，但克拉克不会这么做。要想在投资的路上走得更远，你也不应这么做。

当建立起一个适合自己的系统后，克拉克对自己说："这是个非常棒的系统。我可以用它跟那些职业交易员一争高下。"

这就是克拉克走上职业趋势交易员道路的故事。故事简短而温馨，没有什么风花雪月和娱乐八卦的成分，但他的故事告诉了我们一个金钱帝国是怎样建立的。

直到今天，克拉克仍然在玩着这个交易游戏，而唯一的原因就是他可以从中获得乐趣。在成功的等式中，不要低估了激情的作用。克拉克总是在位于伊利诺伊州欣斯代尔（Hinsdale）的家里工作，那个地方距离芝加哥市中心大约 25 英里。你也可以在任何地方进行交易，印度尼西亚或新加坡，完全没问题。

从克拉克的经历中，你获得了哪些有助于财富增值的经验教训呢？

你要找到那些能够在相当长的时期内都保持稳健表现的趋势跟踪模型，其中也包括那些可能在 2 年内都业绩平平，甚至出现负收益的模型。

这些能让一个好的模型成功运作的原则或许在某段时间的表现并不尽如人意，甚至根本不起作用，但只要这是一个有效的模型。随着时间的过去，长期来看，这些原则定当有效。不要草率地放弃你的模型。克拉克强调说："我们不要只因为经历了一两次暂时的挫折就把一个本来非常优秀的模型扔到一边。如果它符合我们的总体标准，同时也能与其他模型配合使用，我们就会一直使用这个模型。"

在运用趋势跟踪策略的过程中，你还可能发现市场在相当长时间内都没有什么波动。但突然之间，市场就开始暴涨。这时你要马上准备好，因为所有市场趋势都在同一时间启动。这有点"久旱逢甘霖"的感觉，市场突然之间就爆发了，然后价格开始疯狂飙升，你又展现出笑容。这个过程根本没有什么诀窍。所谓诀窍和交易，一个词就能表述清楚，那就是耐心。

在25年的交易生涯中，克拉克的情绪也如过山车一般起起伏伏。他认为自己的交易生涯建立在许多契机之上，会对自己说："你看，就是这样了，我们再也赚不到钱了。我已经幸运了25年，现在这一切很快就将结束了。"

如何处理交易中的涨涨跌跌呢？那剂神奇的药就是严格的交易规则，只有这样才能将你从可怕的情绪错误中拯救出来，不至于落到倾家荡产的地步。

克拉克最近并不担心他的交易模型，他知道自己的系统能够渡过难关。克拉克经常失眠，但这并不是因为交易的事情。早在10年前，因为交易压力导致的失眠已经治好了。

那些了解或正在使用趋势跟踪法的投资者都知道欧元市场或其他外汇市场，但克拉克在刚刚开始交易时，从来不做欧元或其他外汇交易，他只在国内的美元市场交易，因为当时他只针对这些市场开发了趋势交易模型。

　　有一天，他决定尝试一些其他外汇市场。于是克拉克将这些市场也纳入到他的系统中，在这些市场中，他的模型依然有效，而且没必要对模型进行任何调整。克拉克第一次发现原来他的趋势交易系统放之四海而皆准。这是他的又一个顿悟。

　　然而，建立一个弹性的交易方法还存在争议。

　　我曾经和一名聪明的交易员坐在一起交流。她告诉我："我见过那名交易员，他已经非常成功了。他不停地跟我说他对他们的交易模型进行了多处改进。"

　　我回应道："我不相信他的话。他们是在跟那些不懂趋势跟踪的人编故事呢。他们这么做只是让你感觉好过点。"

　　克拉克很赞同我的说法："你说的完全正确。你当然可以只拣人们想听的说。他们想听你说对模型进行了改动，还是想听你说你手上有这些交易模型？有些人希望听到你在不停地修改模型来适应市场，但实际上根本不存在不停的改动。市场在不断变化，但某些标准是永恒的。不断变化的市场是我们的财富之源。从某种意义上说，这就是某些人的自然本性。如果你不去真正了解他们的故事，他们也不会理解你。你基本上只告诉他们你认为他们想听到的答案。这就像扑克玩家一样，他们观察你，然后搞清楚你想要什么牌。"

　　人们会问："你如何对市场变化进行跟踪？"克拉克对此非常清楚。我们的系统植入了动态跟踪的功能。我们的所有模型都能够自动适应市场变化，是完全动态的系统。如果你在趋势交易方面得心应手，就没必要让你的趋势跟踪不停地去适应所谓的"世界变化"。

每一次暴跌事件的根源：杠杆化多头策略

在一次 MBA 学员和资产配置员（allocator，将机构资金交给克拉克这类公司管理的人）的对冲基金会议上，一位杰出的发言人和一名对冲基金从业者都小心翼翼问了同一个问题："你们中间有多少人认为下一阶段的回报率会上升，多少人认为回报率会下降？"

那位发言人也上过我的 MBA 课程，但那段时间他没学到任何有关趋势跟踪交易的知识。我马上就对他的问题失去了兴趣。我开始思考："就当他所学到的一些基本面分析技巧在指导他的买卖行为吧……"他陈述的内容包含各种各样的经济指标，而我在想这些比例和统计数据到底跟赚钱有多大关系。

我无法在两者间建立联系。听完他的陈述，我也无法理解他的买卖行为。我只知道他对基本面的预测进行了概述。显然他是个很聪明的人，或者说当时我就是这么认为的。

克拉克看到了以下内容："他们知道如何利用杠杆（以及做多），他们也知道用更少的钱买入资产，然后以 6∶1 的杠杆率交易。"

克拉克提到的这些杠杆化的多头策略在一段时间内是有效的，直到有一天它们像钟表装置那样突然停摆。这些策略就是过去 20 年来每一次著名暴跌事件的根源。

喜欢喝星巴克，就要买它的股票？

最近，有数百万观众都在关注着 CNBC 的财经节目，以及无数个类似"帮你摆脱债务"的节目。过去的财经节目很实用，如

Wall Street Week，而如今的新理财节目就跟马戏团演出似的。此外，现在经纪人和基本面分析者随处可见，他们全部都向你保证可以对明天的《今日头条》进行预测。

基本面驱动的故事层出不穷，其推动力就是新常态（new normal）。而且需求就在那里，人们极度渴望了解这类故事。投资者从这类故事中找到利用基本面信息的借口，这些故事就是财经人物的心灵鸡汤。

例如，很多人都会购买他们熟悉公司的股票。你会到沃尔玛超市去购买手纸和海绵。沃尔玛对你来说是看得见摸得着的。你看到超市里人流如织，因此，认为沃尔玛超市一定非常赚钱。于是就购买沃尔玛的股票，想着根据你的观察，沃尔玛的股票肯定会上涨。这个结论看起来似乎很合理。又比如，你打算去星巴克买香草拿铁，你很喜欢喝那里的咖啡，而且还看到其他人在那儿给咖啡拍照，既然这样，为何不买星巴克的股票？人们采取行动前的心态都是这样的。

你正在做某种数学计算，如趋势跟踪，而且这种数学计算是有用的。很多人无法理解这样的想法。大多数投资者根本不懂，也不想去了解统计学和概率。这些学问太冷门了，他们不可能把这些东西当成下次餐会上高谈阔论的有趣谈资。试着跟某人说："我正在用数学的方式做事情，付出这点小小的损失就是为了弄明白一些事情，因为我确实不知道市场下一步的走势是什么。"没人会为你说的这些兴奋不已。

人们希望的是能跟健身房里的兄弟、高尔夫课程班上的朋友，以及他的妻子、女友或任何一个活生生的人说："我知道星巴克的股票马上又要创新高了。"

另一方面，克拉克每天早上都会打开他的电脑，按下一个按钮查看当天的交易。如果那天有交易的话，那么他会坐在电脑前观察一段时间。

当他亏钱的时候，就会戴上他的"头盔"，来到书桌旁，一坐就是好几个月，直到他的趋势交易系统重新战胜市场。这是个永无止境的循环，但这该死的循环却让他获利颇丰。

欲望，很大程度上决定了交易者的成败

谁想每天对着一个无处不在的老板不停地做报告。和大多数创业者一样，克拉克也不喜欢被人呼来唤去。他从未碰到过一个让他很喜欢的老板。

实际上，克拉克认为正因为他是一个不太合群的人，并影响了他的职业选择，所以才能取得今天的成功。他非常确信假如自己长得更好看些，更受人欢迎的话，一定会选择另一条不同的人生道路。

"哎呀，要是我能再活一次，我一定要变成一名长相英俊、体格健壮的运动员，吸引很多的女孩……"

如果智力因素要少一些的话，克拉克要在美貌和智力之间做出选择并不容易。这并不是说他希望有一个一模一样的成长环境，毕竟童年时期的某些挫折能够激发你的动机。这种动机是促使你迈向成功的有效推动力。

你是否对此也有同感呢？正是这种想法让克拉克有了前进的动力和决心，从而成为一名优秀的趋势交易者。

克拉克刚刚建立他的趋势跟踪模型的时候，总是没日没夜地

工作，并且乐在其中。思如泉涌的时候，他会凌晨 3 点就起床。在工作中我也有过同样的经历。我总是很自然地变得异常兴奋，完全无法入睡。那时我就准备好一直工作到第二天了。

如果克拉克拥有英俊的长相、受人欢迎的性格，而不是那么一个不合群的人，那么他还会有时间集中精力，在大脑中一遍又一遍地思考和诠释趋势交易的过程吗？他还有时间去探究切实可行的交易方法吗？这只有天晓得！每个人都是不同的，因此，都有着不同的动机。但是你一定有获胜的欲望，这一点必须牢记。如果你不具备这种欲望或你不想为之去努力，那么不妨到酒吧里去，和那些认为自己离成功只有一步之遥的老顾客们互相抚慰一番，当然要在他们又一杯威士忌下肚之后。

打破常规，远离"羊群"

市场中的人就像羊群一样移动，就像排着长队的小旅鼠，这一点从来都没有变过。或许采用一些手段可以让他们的观念发生变化，但人的本性很难改变。如果你想成功，想做成某件与众不同的事情，你就要解放思想，打破常规。你要用批判的眼光看待事物。问自己："有什么不同？""我能做些什么？""我怎样才能解决这个问题？"

将各种技巧结合起来运用是克拉克成功的关键。在他的心目中，开发系统程序的能力是最为重要的。把自己的想法告诉别人，然后让他们编入交易系统，这对他是没用的。他必须亲力亲为才行，这就是他的信心。每名趋势交易者都像克拉克这样吗？并不是这样，只有克拉克如此。

你要从不同的角度看待趋势交易，这并不是一种普通的视角，最终还要归结于创业的心态。最近我跟朋友说，这几年里我读到的最好的书都与交易无关，如赛斯·高汀（Seth Godin）的《做不可替代的人》（*Linchpin*）。在该书写成之前，迈克尔·克拉克一直过着高汀书中所写的生活。

投资大师的建议

　　克拉克想回到以前测试交易模型的日子。当你开发交易模型并在各个市场中进行验证时，你希望建立一个可靠的理念。在大约 105 个市场中，克拉克利用 1945 年以来的交易数据对他的模型进行测试。为了让一个模型被人们接受，你必须使用同样的规则和参数在各个市场中进行交易。

　　这个模型必须在 90% 以上的测试市场中表现出良好的业绩。此外，只有在参数改变和规则变动后，该模型在测试过程中依然表现出稳定的业绩时，才能说这个模型是可被接受的。这也是"稳健"一词的定义。

第11章

决策制胜

做思想与财富双赢的大玩家

你不可能无所不知，征求懂行人的建议可以让你事半功倍。如何才能找到真正的投资高手？福克纳除了是一名成功的交易员，还是一位趋势交易的思想家，他对决策思维与交易心理有何看法？

趋势交易者为何会做出"快速割肉"这种违反本能的决策？你大脑的记忆是否充斥着电视节目？你有多久没有进行过独立思考？交易的成功不仅在技巧，更在思想……

查尔斯·福克纳：心灵交易的领航人

影响力沟通公司（Influential communications）

　　创建于1990年，将NLP的研究成果运用于个人和组织。NLP行为模型主要研究顶尖人物如何思考、沟通和具有非凡表现，可运用的领域包括金融决策、商务谈判等。福克纳专注研究NLP 30年，是这个领域的建模专家。公司的客户大多是《财富》500强公司特立独行的企业家。

11

如果回顾历史也能帮助我们预测股市未来的发展趋势，那么我们将远远领先于无数普通的投资者。

也许你曾听过"活在当下"这句话。这句话是什么意思呢？过去的一去不复返，未来的还不可知，但我们拥有现在。这并不是说不需要借鉴过去的经验，总结过去所犯的错误，也不意味着我们不用规划未来，为未来做准备。它真正的意义是基于当下正在发生的事情做决策。这是伟大的趋势交易者安排生活和创造财富的方式。

虽然查尔斯·福克纳（Charles Faulkner）的主要身份并不是交易员，但他还是为我们提供了许多有用的见解。这么多年来，我从未见过任何一个人做得有福克纳那么好，让交易者和投资者对自己的了解更加深入。作为一名交易者，在利用趋势跟踪获利的成功之路上，了解自己是必不可少的入门功课。

福克纳看待世界的视角广阔而新颖，你也应该如此。

举个恰当的例子。在你进入市场游戏时，必须明白一个重要的道理：亏钱就是这个游戏的一部分。不管你的经验多么丰富，总会有亏钱的时候。话虽如此，你还是希望确保自己的损失处于可控的范围，你明白亏钱会影响你的情绪。

体育界人士也有同感。职业选手都知道，技能的培养都经历过失败，并从中吸取了教训。你希望和比你强的对手过招，你可以因此而变得更强。

向交易者学习是很有用的，这是因为他们的专业性强。在交易者的世界中，一切事物都有着非常明确的目标。普通人生活中需要花数月或数年时间才能明白的道理，到了交易者的世界中，很快便会展现出来。

对大多数人而言，一生中做的最大一笔交易要么是买房，要么是买车。但对许多成功的趋势交易者来说，一个小时，甚至几分钟之内过手的钱就能达到这么多。

也就是说，你在做交易时的金钱观和买新车时的金钱观是不一样的，交易时钱不是钱，你只是通过钱记录交易业绩。让自己建立这样一种心态是很重要的。解放思想，摒弃购物时的那种金钱观，只关注交易过程中的业绩表现是你要迈出的重要一步。

向真正的高手征求投资建议

我们都不喜欢征求他人的建议，但我们又经常在这么做。然而，征求建议是在让别人做主。从情感上说，你是把别人放在高于你的位置上。你不知道的东西，他们却知道，对吧？

从投资理财的角度来看，征求他人建议就是委托他人来打理你的财富。就智力而言，你避免了自己在投资上的弱点，需要承担的责任更少，因为你全权授予他人管理你的金钱。

从某种意义上说，向某个领域的专业人士征求建议是很正常的事情。我们从父母、亲戚或驾校教练那里学会开车，从具有更广阔视野的教练那里学会各种运动项目。他们是最早开发我们能力的人，然后我们再去向其他人学习更高级的技能。

这样说来，向他人征求投资理财建议也是一件意义非凡的事情。你知道自己有所欠缺。正因为你明白自己也有不懂之处，因此你要说："好吧，那谁知道呢？"

这正是让你好奇的地方。在职业棒球界和其他大联盟运动项目中，你对球员的表现可以做出非好即坏的评价。另外，由于现实所致，你能看到他们的才能，还能用统计数据加以证实，于是向他们征求建议就是在向懂行的人寻求帮助。

这样的假设在投资界也是成立的。但也有人赚钱全凭偶然，这样的事例为数不少。其中大多数人实际上并不懂得什么投资技巧，只是他们运气不错罢了。

说到这里，一个难题出现了。如果你自己都不懂，那么你凭什么认为自己可以找到那个真正懂的人？很多人说："这个人去年赚了钱，我要听他的。"在投资以外的领域，这或许还说得过去。如果某人精于厨艺或擅长制作电影，那么你会说："我明年一定看好他。"知名大厨沃尔夫冈·帕克（Wolfgang Puck）就是一把好牌，著名导演斯皮尔伯格也是，这样的例子很多。

找到真正的投资高手是一项挑战。换句话说，你怎么去审查一个承诺可以赚到钱的人？你如何判断是否可以向某人征求建议？假如某个人擅长修车，你会不会不观察他修车的过程，就说"我可以相信他的手艺"？

我们可以找到某个领域懂行的专家，但谁又能解开金钱之谜、理财之谜呢？谁才是这个领域的真正高手呢？他们是那些坐在精算师办公桌前的人，还是那些能够帮你赚到复利的人？仅凭这些就能证明他们懂行吗？考虑到金钱的情感效应，这是非常难以回答的问题，因为人们只会看重最终的结果。

以象棋为例，你的战绩非常重要，那些真正的象棋大师获胜的机会更多，保持战绩的时间也更为长久，而且侥幸获胜的时候很少。你肯定不会去向一个只赢过几盘棋的人征求意见，你要学习的是那些懂象棋的人。

说到懂得投资理财的人，你不仅要关注他们的业绩，还要了解他们是如何提高业绩的。他们的理财思路是怎样的？在这个过程中允许犯错吗？他的思路会让我们的投资业绩越来越好吗？

作为一名趋势交易者，你应该从心理学的角度思考获胜的问题。

保持独立思考，别陷入媒体圈套

金钱就是责任。但是对那些不愿对金钱负责的人而言，金钱只是生活中使用的货币。这就好像你说："我不想对我的时间负责，我该如何使用我的时间？"这种人生活在一种响应模式之下，只对刺激做出反应，而缺少一个追求充实生活的过程。这跟野生动物基于生存本能对事件做出攻击或逃走的反应没什么两样。对人类而言，这并不是一种愉快而满意的生活。

你要明白自己的优势是什么，对自己有明确的定位，在哪些方面具有前瞻性的预测能力，何时可以直接参与到决策过程中，不管是有关时间、金钱的决策，还是有关生活中其他事情的决策。

做到这一点并不容易。如今整个媒体文化环境都在渲染一种及时行乐的观点。我们几乎看不到有关如何通过聪明的方式省钱、投资和让财富增值的讨论、反思和思考。

媒体上的真实信息可能会相互矛盾。难怪现在的人们很难在经济上做出独立的判断，世俗社会中已经没有思想。过去往往是理性和传统宗教在扮演着教育的功能，让人们把眼光放长远些，做出正确的决策，但如今是理财规划师在承担这样的职能，还有更糟糕的 24 小时轮番轰炸的财经媒体。

想想那些一天 17 小时都在看电视的人，或许你就是其中之一。电视上播放的节目就是你所有的记忆。你的脑子里没有和孩子共享快乐的记忆，没有在森林漫步的记忆，没有在屏幕前思考，并做出正确的交易决策的记忆，也没有和伴侣一起规划未来的记忆。

最终你所有的记忆只有那些媒体上的数字和图片，或者电视上的真人秀。这听起来有点可悲，许多人在看完电影《华尔街》(*Wall Street*) 后，认为迈克尔·道格拉斯扮演的戈登·杰科 (Gordon Gecko) 是个不错的家伙，于是纷纷投奔华尔街。他们之所以选择华尔街，更多是因为戈登·杰科，而不是沃伦·巴菲特或吉姆·罗杰斯或其他在现实中取得成就的人。我们正深受媒体力量的影响。

我们为何要这么思考问题呢？即使是期望未来，你也会感到欣慰。说到体育，要将业余选手和真正的职业选手区分开来，就看他们是否从输掉比赛中能获得满足。输了比赛，回去继续练习，相信下次比赛时一定会赢，职业选手从这个过程中获得满足。

当今社会中的一个显著不同不仅仅是及时行乐，同样还有媒体刺激所推动的及时行乐的程度。对大多数人而言，它具有一种压倒性的力量。

人们遭到各种重复信息的轮番轰炸，媒体告诉他们必须要做什么，如要对最新的手机广告或下一代混合动力汽车的创新做出响应。一个行业所做的一切就是为了把人群赶往一个他们所希望的目标。

这有点类似于一个古老的故事：有这么一个家伙，他既抽烟又喝酒，因为在他幼年的时候，曾经看过一个广告，广告里面有威士忌、女孩，还有香烟。因此，随着他的年龄越来越大，开始感到困惑："广告中的女孩都去哪里了？"你可以观察一下各行各业的不同案例，每个案例都在告诉你要及时行乐，到最后人们都认为应该这么做。

即使有些投资者已经做好规划，但当一天多次看到或听到同样的信息时，他们就无法阻止自己去对这些无穷无尽的说辞做出回应。想想 CNBC 主持人吉姆·克拉姆（Jim Cramer），他的节目充斥着动感声效和刺激性的信息，这些东西迷住了亿万观众。

福克纳看到了这种疯狂的景象："克拉姆的节目生动、及时、感性，充斥着声效和动感。我们陷入了设计好的圈套，不得不对这些东西做出回应。《巴伦周刊》（Barron's）曾指出，哪怕你真的按照克拉姆的建议去做，你也不可能做得很好。但是人们似乎毫不介意，因为他们需要与这种既积极主动又有所作为的人保持一种紧密的关系。他们认为克拉姆知识广博，他知道自己在说什么。克拉姆在说这些话时，充满了权威感。如此精力充沛之人怎么可能犯错呢？天啊，他必须是正确的！"

你必须坚持做自己，保持独立思考，根据自己的情况来做决策。有时候，你看完电视中那些人夸夸其谈后，只需一笑而过："这不过是某种观点罢了。"这是你必须具备的心态。

靠"本能"难以做出好决策

你没必要对"狩猎与采集"（hunting and gathering）的概念做什么学术研究。任何一个逛过现代化零售超市的人都知道，精明的广告商和营销人员会把走道全部塞满，供我们"狩猎和采集"食物。

《财富》世界 500 强公司现在已经开始通过人类学家来研究消费者行为，以给予我们更多实际上并不需要的满足感。这就是我们现在所面临的状况。

效率和人类并不能够真正地协调共处，人类并不是因为效率而存在的。我们存在的目的是为了满足一种倾向：尽可能做出最佳决策，然后在我们所处的当下把握决策、执行决策。即使这会让我们暂时退步，我们也完全不会在意。

实际上，我们经常会长久地去坚持一件糟糕的事情，直到最终崩盘，我们才会真的放弃，然后迫使自己再去尝试更有前景的事情。

这种做法不同于现代科技沿着高效、自动化和可靠性的轨道发展。虽然我们很容易因长相有趣的人或某种味道等无关紧要的随机事件分心，但是计算机和趋势跟踪这样的严格交易策略不会为情感刺激所动。人们还未意识到一个挑战：如何才能将注意力始终放在真正重要的事情上？

我们坚持自己的金钱决策，这并不是因为决策是自己确定的，而是我们的本性使然。例如，只要没有卖掉正在亏钱的股票，很多投资者就会假装自己并未遭受亏损。当然，这是一个是否要面对现实的问题。不管你找什么借口，亏损就是亏损。

早上狗不见了，但到了傍晚就出现在厨房门外。如果你的孩子说要出门，晚餐时间到了就会回来。如果你丢了车钥匙，也不知道怎么回事，过一会儿就出现在餐桌上。

人类这种生物好像被设定好了似的，总认为丢掉的东西一定会回来。回顾一下人类历史，你会发现这种说法确实存在。

快速割肉，放弃本来可以赢利的机会，实际上违反了人类的生物本能。这就是为何许多趋势投资者都会成为逆向投资者的原因，并不仅仅因为他们总是与众不同（虽然很多趋势投资者确实如此），还因为当很多人都对某种情况表现出悲观时，他们必须保持乐观。趋势投资者割肉的速度很快，他们会说："嘿！我空仓了，没损失多少，我的感觉良好。"

当然，你可以像很多投资新手那样看待这个问题："我亏钱了，一定要找市场报仇，我永远都不会忘掉这次亏损。"

亏损让投资者感到一种非理性的痛苦，而更让他们痛苦的是各种各样关于亏损的看法。

这些大相径庭的观点与你过去的经验、生活方式、导师等紧密相关。举例来说，有些人认为不动产才是货真价实的东西，就像它的名字一样①。福克纳小时候，叔叔曾经对他说："一定要购置土地，因为土地只会越来越少。"这些早期的教育让福克纳十分受用，使他能够像成人一样投资和交易，虽然这些建议并不是十分明智的赚钱之道。

我相信，任何一个还活着的人都不会一味地认为不动产是不会缩水的，是适合长期持有的健康资产。没有人会比今天的我们对此有更深的体会。

---

①不动产的英文是 real estate，其中 real 译为"真实的"。

当今的金融体制太落后了！

早年的福克纳通过做商品和货币交易赚得了可观的收益。有一天，他把父母叫到一起，跟他们分享他的成功，还提到了那些赚到的美元。他的母亲很快就说："你马上就把那些钱存到银行去吧。"

在福克纳父母的头脑中，银行是最安全的地方。你或许会想："银行？我才不会把钱存进银行呢。那地方并不安全。"福克纳当时也是这么想的。面对现实吧。人们看待世界的方式千差万别。大萧条以前，人们很少出门旅行。大多数人一辈子都待在同一个地方。现如今，这个国家每 5 年就有超过一半的人口会迁居到新的地方居住。这是现代人在生活方式上发生的深刻变化。

除此之外，我们的祖父母掌握着最直接的经验。仔细想想这个问题，你会发现，今天大多数人的经验都是虚拟或间接的。也就是说，在你观察股价的时候，股票其实离你很远，只是个抽象的概念，而实际上你交易的是那些实实在在的股份证明书。今天谁手中还会拿着股票凭证？•这一系列的变化影响了我们当前的思维、想象和信念。

很多人认为这些变化都是积极的，不会产生什么意外的后果。福克纳却不这么看。福克纳并不认同股票市场已经变得民主化，有些投资是在持有人完全不知情的情况下进行的。人们往往并不知道他们的养老基金和共同基金都在做着怎样的投资。说到养老基金，基金经理们通过操盘赚到的钱比他们为投资人赚到的钱还多。共同基金的问题也很严重。有些共同基金可能 10 年都没赚到任何收益，但基金经理们拿到了数十亿佣金。这个体制太落后了。

寻找航行方向比控制河水流向更重要

看看周围的世界，一切都离不开金钱。要想回归自然，你得花钱租地搭一顶帐篷。不花钱办理狩猎许可证，你就没法打猎。金钱是生活的必需之物，是流淌在人类文化中的一条小溪。它是最基本的东西。因此，赚钱是人类最基本的能力。

如果你的投资和交易分成不动产、股票、商品、期货、ETF等不同类别，那么你会如何对它们进行估值？你会像吉姆·罗杰斯或沃伦·巴菲特那样关注它们的基本面信息吗？你会把公司的资产负债表撕得粉碎，然后仔细研究那些隐秘的传闻吗？公司的CEO是谁？市盈率是多少？这些方法已经过时了。

你要重新寻找方向。你可以做个大致的总结："这些问题的共同之处是什么？"换句话说，市场的共性在哪里？趋势交易者将价格视为最大的差别，所有人都同意这个观点。这是一种截然不同的思路。

当你进入趋势交易者的世界后，你会发现他们其实也没有多少故事（这是本书所有章节的一个共同主题）。在购买股票之前，趋势交易者并不在乎这家公司CEO的婚姻或家庭生活，他们对外部因素不感兴趣，只需要价格数据。

这一点并不适合新手和批评者。他们会说："好吧，我对那些诱导性的故事一无所知，因此，我不会对此做深入的思考。"他们对这种趋势新思维采取视而不见的态度。

多年以前，福克纳在一次试图说服人们转变观念的会议上遇到埃德·塞柯塔。塞柯塔向参会者宣称："上涨是市场的属性。"福克纳暗自想着："这个家伙的用词也太小心谨慎了。他什么故事都没讲，甚至想都没想过。"但每个人都想知道市场为何会上涨。福克纳看到了塞柯塔的细致和深度，这是很大的收获。

一名成功的趋势交易者要在内心树立这样的观念：你只是一个大系统中的一分子。这个世界不等于你的世界。你处在一条流动的河中。搞清楚如何才能在河水中航行要比控制河水的流向重要得多，因为你无法改变河水的流向。

主宰那些难以驾驭的东西是不可能的，但除非你处在下降趋势中，否则，没必要为了赚钱去控制所有的事情。

投资大师的建议

趋势交易者只存在于当下，福克纳描绘了一幅壮美的"当下"景象。就像莫比尔斯环（mobius loop）一样，最后一环和最开始的一环是连在一起的，"无人能够预测未来"。你也别妄想从什么地方获得线索或消息，没有这样的地方。当那些"尚未发生"的事情开始发生时，那也不是未来，那就是当下。

也就是说，就在昨天的时候，那些不可靠的回忆想着的还是……现在。如果只有现在，就不存在什么故事、推理、历史优先或其他需要历史或未来作为支撑的概念了，就好像它们是确实存在之物，而不是什么头脑中创造的概念。我们一切的"将要这样""可能会这样""应该会这样"和"本来应该这样"只存在于我们想象中的过去和期盼着的未来之中。

事实上，有些情感是建立在令人失望的过去（后悔）和不太理想的未来（贪婪）之上的。当你明白我们只拥有"当下"时，你就很容易放下那些"将要这样""可能会这样""应该会这样"以及伴随而来的情绪，你会最终明白什么是"当下"。"当下"也意味着专注于我们当下的心智。此刻就是一切。我们对"当下"不完全的理解就是我们拥有的一切。

第12章

传奇交易大师

倾囊相授投资智慧

许多顶尖趋势交易者都不约而同地提到这位大师——埃德·塞柯塔。他究竟为何方神圣？为何广受投资者的爱戴？如果用一首歌来总结趋势跟踪，那么会是怎样的？

读完了14位顶尖交易者的故事，你会用趋势跟踪做交易吗？

12

趋势跟踪的交易方法适用于所有市场，它超越了地缘政治、文化和语言的界限，是世界上最好的长期投资策略之一。

　　或许你已经注意到了，本书多个章节中都提到了同一个人的名字——埃德·塞柯塔。在我的研究过程中，许多交易员也在一遍遍地提到他的名字。

　　不了解埃德·塞柯塔的读者不妨读读《金融怪杰》这本经典之作。此书是最早对他进行介绍的图书。塞柯塔被视为我们这个时代最富传奇色彩的趋势交易者。塞柯塔影响了无数交易员，本书所介绍的这几位只是他们的代表。

　　在 2001 年，我与塞柯塔产生了交集，他邀请我访问美属维尔京群岛。与他相处的那些日子，以及随后多年的电话交谈、邮件往来，都成为对我具有重要影响的趋势跟踪交易课程。没有塞柯塔的慷慨大方和早期教诲，我无法完成此书，与大家分享我的心得。

　　看到塞柯塔与多位伟大交易员的生活都有交集，我感到一种出乎意料的惊喜。世界如此之小，我本来无须感到如此意外的。

当你决定抓住赚大钱的机会时，当你决定认真做交易时，愿意拿出鲜活的原始资料与你分享的人为数不少，塞柯塔就是其中之一。

本书略显繁复，但我认为对投资者未来的成功是很重要的。与此不同的是，塞柯塔采用了一种更好的方式，通过在 YouTube 上发布视频来传播趋势跟踪的思想。它实际上是一部描述趋势跟踪的音乐剧，到目前为止只有他一个人这么做，只有埃德·塞柯塔才能想得出来。为了让你在观看视频以前感受到其中的音乐感，塞柯塔允许我在此发布他的歌词内容。这首歌的名字叫《粗木锯之歌》（*The Whipsaw Song*）。

"粗木锯"指的是什么呢？指一种市场价格一会儿这样波动、一会儿又那样波动的往复状态。这个术语源自伐木工人来回推拉粗木锯砍伐树木的动作。《粗木锯之歌》借用了《小龙虾之歌》（*The Crawdad Song*）的曲调。这是一首 A 调的传统蓝草音乐歌曲。

> 合唱：
> 亲爱的，你拿鞭儿我扛锯，
> 宝贝啊，你拿鞭儿我扛锯，
> 你拿鞭儿我扛锯。
> 只要趋势佳，不愁没钱赚。
> 亲爱的交易者，我的宝贝。
>
> 班卓琴（争做赢家）：
> 抓住趋势别放松，我来教你怎么做，
> 亲爱的宝贝啊……
> 抓住趋势别放松，坚持到底就能赢。

曼陀林（斩仓割肉）：

亏到心里有点慌，我来教你怎么做，

亲爱的宝贝啊……

别在乎那点小亏损，一切都还有的救。

小提琴（风险管理）：

是否风险能承受，我来教你怎么做，

亲爱的宝贝啊……

赚钱赚到饱，一觉到天光。

吉他（学会止损）：

价格要突破，我来教你怎么办，

亲爱的宝贝啊……

只要设好止损点，想去干啥就干啥。

男低音（坚持系统）：

一轮跌幅就要来，我来教你怎么做，

亲爱的宝贝啊……

跌幅要往大了去，我来教你怎么做，

亲爱的小心肝……

跌幅依然不罢手，我来教你怎么做，坚持计划不动摇，

扣动扳机下决心。

班卓琴（忽略消息）：

热门消息现眼前，我来教你怎么做，

亲爱的宝贝啊……

消息扔进垃圾桶，就当装作没看见。

你是否会用趋势跟踪做交易？

当你对趋势跟踪有了一定了解后，接下来会怎么做？你必须做个选择：你可以选择继续成为一名趋势交易者，做下一个拉里·哈特或凯文·布鲁斯，也可以选择让趋势交易者为你打理资金。要么做，要么不做。这是个非黑即白的选择。

当然，你也可以买入并长期持有那些业绩靠前的共同基金，指望在退休时能拿到一笔足够退休之用的资金，或者等到下一轮市场崩盘的到来，在资金缩水一半的时候忍痛割肉。把这些都忘掉吧，趋势交易的优势就摆在眼前。你可以从书中介绍的这些成功者身上获得信心，现在轮到你决定该做些什么了。

我享受写作本书和做研究的过程，与我之前所写的书相比，这是一次不同以往的经历和挑战。普通读者可能很少接触到我的其他书籍。我希望《趋势交易》一书能够满足那些有不同追求的人。祝你好运，并请随时与我联系。

| 致　谢

　　我要特别感谢米歇尔·撒古斯在我写作本书过程中的辛勤付出。"追求卓越"是对她最好的诠释。瑞贝卡·克里尔·迪安、罗宾·埃加、马丁·欧立希、杰森·格拉赫、马丁·克里泽勒·艾瑞克·莱恩和马特·华兹也为本书的付梓提供了帮助。还要感谢Pragmatic Capitalism 的卡伦·罗奇为本书作序。最后，我要衷心感谢那些在本书中慷慨地分享他们投资智慧的人们：他们的思想是本书的成书基础。

凯文·布鲁斯（已退休）

迈克尔·克拉克
克拉克资本管理公司

埃里克·克里滕登和科尔·威尔科克斯
长板资产管理公司

加里·戴维斯、杰克·福里斯特和里克·斯劳特

晨曦资本合伙人

伯纳德·德鲁里

德鲁里资本服务公司

戴维·德鲁兹

战术投资管理公司

查尔斯·福克纳

影响力通信

大卫·哈丁

温顿资本管理公司

拉里·海特

国际标准资产管理公司

保罗·马尔瓦尼

马尔瓦尼资本管理公司

贾斯汀·范德格里夫特

查德威克投资集团

远离 10% 的糟糕股票

股市培养的大赢家屈指可数，绝大多数人的回报都在平均值以下，输到两手空空的失败者人数更是大大超出我们的预计。这种现象就叫做资本主义分配。实际上，你几乎可以在所有国家的任何市场中观察到这种现象。资本主义就是残忍、震荡和胜者为王的代名词。

我们在本书第 9 章认识了埃里克·克里滕登和科尔·威尔科克斯。他们用来发现赚钱股票的数据库涵盖了自 1983 年以来在纽交所、美交所和纳斯达克上市的所有普通股，包括已摘牌股票。

股票收益和股指收益按照总回报来计算，即股息再投资。使用动态时间点流动性过滤器将计算范围限制在约 8 000 只（因指数调整、摘牌、合并等原因所致）股票，这些股票都曾在某个时间点入选过罗素 3 000 指数。该指数测量的是美国 3 000 家市值最大的公司的业绩表现，这些公司代表约 98% 的美国可投资股票市场（见图 A.1）。

图 A.1　1983—2006 年罗素 3 000 成分股总收益统计

资料来源：引自研究报告《资本主义分配：1983—2006 年个人普通股收益观察》，由埃里克·克里滕登和科尔·威尔克斯所著。经授权使用。

假如一个投资者持有市场中 95% 的股票，却单单错过了剩下 5% 的业绩最优秀的股票，那么从 1991 年到 1998 年，他每年都会处于亏损状态。相反，如果他持有市场中 90% 的股票，同时尽量避免买入业绩最糟糕的 10% 的股票，那么他所获得的收益将是股市年复合回报率的 2 倍（见图 A.2）。

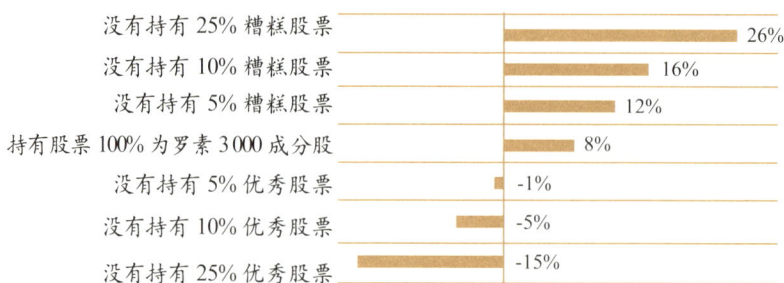

图 A.2　1991—2008 年复合年度收益统计

资金管理对成功的投资至关重要,仅仅获得平均正回报（数学期望值）是不够的。还是用简单的掷硬币游戏作类比，扔到正面，你的回报将达到 200% ；扔到反面，你将亏损 100%。和投资某只股票一样，这相当于 2∶1 的盈亏比，或者 50% 的胜率。每掷一次硬币的平均收益率为 +50%。但为了实现这 50% 的平均回报，你必须把全部赌注都押在每一次掷硬币上。但是这样，一旦你开始输钱，就必定破产。为了说明这个问题，请考虑以下例子。假如你的原始资金为 100 美元，200% 的回报率表示你会得到 300 美元，而 −100% 的回报率会让你的资产变成 0 ，但你的平均回报率是 +50%，计算式子为（200% − 100%）/2 = +50%。

我们每掷一次硬币时应该冒的风险是多少呢？长期来看，在这个掷硬币游戏中，为每一次掷硬币承担 25% 的风险可获得最高的复合收益。高于这个风险比率，将导致更低的回报、更剧烈的波动和更大的跌幅；如果承担的风险高于 50%，就会出现亏损，即使你赌的是平均正回报也没用（见图 A.3）。一些人将这种现象称为"波动性小精灵"（volatility gremlins）或"方差耗尽"（variance drain）。

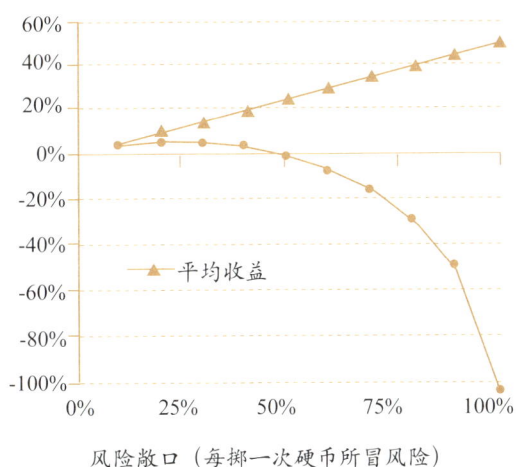

图例：平均收益

横轴：风险敞口（每掷一次硬币所冒风险）

图 A.3　10∶1 输赢率的损失计算图

相比赢利，复合计算对亏损更加敏感。即使在掷硬币游戏中，你赢的次数是输的次数的 10 倍，如果每次承担的风险高于 50%，那么你还是没有机会赚钱。这种过度冒险的情况可参见图 A.4。

对此概念感兴趣的读者不妨阅读一下拉尔夫·文斯（Ralph Vince）、埃德·索普（Ed Thorp）、戴维·德鲁兹和埃德·塞柯塔的著作。

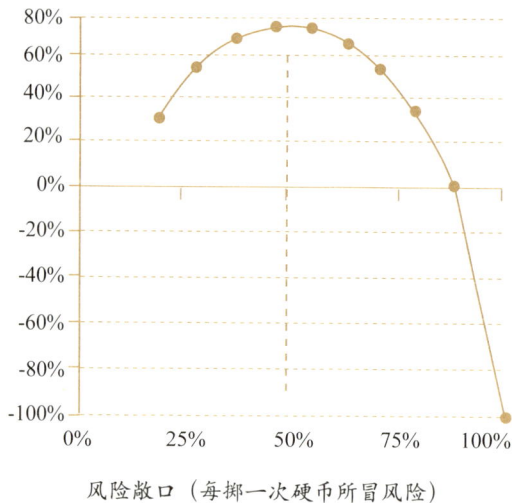

风险敞口（每掷一次硬币所冒风险）

图 A.4　10∶1 输赢率的复合收益率

基金业绩数据表

　　我在本书中提到的交易员和基金都是最优秀的，正是因为他们持之以恒地运用趋势跟踪，才能取得如此巨大的成功，但或许你还需要更多的东西来证明这一点。我们来看看以下表格中的这些业绩数据。这些数据表明，趋势跟踪从长期来看表现是非常卓越的。要是你认为我的每个数据都是在吹牛，也可以试着告诉我你对这些业绩数据的解释。

　　德鲁里资本管理的交易 50% 在金融市场、50% 在大宗商品。金融市场有股票指数、利率和货币。大宗商品有能源、金属和农产品。马尔瓦尼资本管理主要投资期货合约与大宗商品，交易项目超过 45 个市场，其采用趋势跟踪交易与头寸交易，每笔交易平均长达 6 个月。晨曦资本管理除了通过投资 ETF、股票、固定收益债券、外汇，以及大宗商品等使投资多样化，还采取时间框架与阿尔法捕捉策略以寻求市场的潜在收益。

　　还有战术投资管理的投资组合包含了全球市场的商品与货币，其采取 2/3 的杠杆率，一直致力寻求长期平均增长的股票和债券。温顿资本管理公司的交易项目包括 60 多个国际期货和远期市场，其采用的交易系统跟踪全球市场的每日价格波动，能快速、有效地识别出市场向上或向下的趋势。

德鲁里资本管理公司

（%）

	1月	2月	3月	4月	5月	6月	7月	8月	9月	10月	11月	12月	全年
2010	-6.25	-1.35	6.12	0.38	-7.87	0.18	-4.88	2.66	4.19	4.12	-4.19	9.06	0.65
2009	-1.82	2.10	-3.64	-2.72	1.82	-0.23	6.57	2.67	1.54	-3.53	6.48	0.09	9.04
2008	6.78	11.17	-8.45	-5.44	7.44	6.63	-9.45	1.92	16.95	23.37	6.56	5.15	75.65
2007	3.33	-3.51	0.08	3.21	3.39	7.79	-5.60	-5.31	2.93	-0.67	3.56	-3.29	5.05
2006	-0.51	-0.69	0.37	2.38	-2.15	-1.28	-6.44	-1.22	0.91	-4.47	-6.34	3.38	-15.40
2005	-2.34	-4.57	0.27	-5.56	-4.02	-2.42	-0.65	1.83	1.15	0.95	7.85	-2.78	-10.47
2004	2.45	11.09	2.33	-6.97	-6.06	-1.21	-0.45	-5.85	7.78	-1.13	7.20	-0.36	7.27
2003	7.76	6.94	-6.32	-4.10	9.42	-6.35	-4.41	-0.87	4.17	13.80	-1.03	6.64	25.77
2002	0.52	-1.32	-2.05	-3.68	-5.13	11.62	4.82	3.75	4.35	-9.42	-5.97	10.19	5.55
2001	-6.20	4.95	15.48	-4.19	2.41	4.97	-3.66	2.03	6.23	3.82	-9.34	4.82	20.62
2000	-5.58	0.35	-1.59	11.91	1.14	-4.41	1.49	4.92	-1.70	3.26	6.33	-0.12	15.80
1999	0.06	6.05	-2.82	4.46	-5.56	-0.36	-4.43	8.54	-3.59	-1.24	5.20	4.88	10.46
1998	7.84	6.11	6.60	-5.46	7.78	2.20	-1.38	19.34	-5.22	-2.74	4.25	2.46	47.21
1997					-4.57	14.98	12.49	-2.12	-2.08	-9.35	17.34	3.64	30.42

资料来源：www.iasg.com/group/drury-capital/program/diversified-trend-following-program。

马尔瓦尼资本管理公司

	1月	2月	3月	4月	5月	6月	7月	8月	9月	10月	11月	12月	全年(%)
2010	-3.84	-7.15	-5.15	2.02	-8.77	0.53	-12.03	14.59	16.46	22.29	-5.36	25.30	34.90
2009	1.60	-0.03	-3.36	-5.51	-1.30	-6.81	-0.53	10.85	1.32	-7.86	10.70	-3.19	-5.89
2008	21.65	28.86	-7.96	-8.58	5.35	8.51	-18.78	-6.73	11.58	45.49	6.97	5.30	108.87
2007	0.56	-5.18	-8.82	2.59	4.70	4.85	-16.89	-19.40	3.92	13.72	-8.59	8.47	-23.14
2006	11.09	-2.70	13.05	11.46	-4.27	-6.10	-5.20	1.95	1.00	-0.13	0.56	1.60	21.94
2005	-4.28	0.54	2.30	-9.28	-4.08	5.32	6.62	2.78	13.57	-5.64	15.27	8.35	32.24
2004	4.19	8.45	2.37	-11.50	-6.99	-0.73	-0.41	-6.21	7.76	0.76	9.63	-4.94	-0.10
2003	13.20	7.22	-12.83	1.45	7.64	-7.61	-6.33	0.07	6.66	15.32	-0.27	5.35	29.30
2002	0.00	0.00	-7.52	1.55	6.75	7.38	5.95	5.44	5.13	-7.73	-5.08	7.80	19.37
2001	-9.62	18.76	13.46	-15.25	-0.66	5.39	-1.26	0.00	0.00	0.00	0.00	0.00	6.69
2000	-5.02	2.52	-8.40	-0.27	6.97	1.55	-1.25	12.68	-4.36	1.96	9.05	8.90	24.51
1999					-0.29	-0.14	-2.22	2.13	-4.81	-4.80	7.01	4.84	1.09

资料来源：www.iasg.com/group/mulvaney-capital-management/program/global-diversified-program。

晨曦资本管理公司

<table>
<tr><th></th><th>1月</th><th>2月</th><th>3月</th><th>4月</th><th>5月</th><th>6月</th><th>7月</th><th>8月</th><th>9月</th><th>10月</th><th>11月</th><th>12月</th><th>全年</th></tr>
<tr><td>2010</td><td>-4.40</td><td>-0.40</td><td>2.30</td><td>-0.40</td><td>-12.30</td><td>-0.60</td><td>-3.40</td><td>1.70</td><td>3.70</td><td>5.60</td><td>-1.60</td><td>-1.90</td><td>-5.80</td></tr>
<tr><td>2009</td><td>-1.90</td><td>-0.40</td><td>-2.00</td><td>-1.60</td><td>3.10</td><td>-0.20</td><td>2.20</td><td>2.90</td><td>0.70</td><td>-0.60</td><td>5.00</td><td>1.30</td><td>5.20</td></tr>
<tr><td>2008</td><td>6.60</td><td>9.50</td><td>-1.30</td><td>-2.80</td><td>2.50</td><td>2.60</td><td>-4.10</td><td>-2.10</td><td>2.40</td><td>12.90</td><td>4.20</td><td>2.30</td><td>34.80</td></tr>
<tr><td>2007</td><td>3.40</td><td>-2.70</td><td>-5.00</td><td>6.00</td><td>3.40</td><td>1.80</td><td>-5.20</td><td>-12.60</td><td>6.90</td><td>8.50</td><td>2.20</td><td>2.40</td><td>7.20</td></tr>
<tr><td>2006</td><td>-0.70</td><td>0.10</td><td>3.10</td><td>2.90</td><td>0.80</td><td>-1.00</td><td>-3.40</td><td>-1.00</td><td>0.40</td><td>3.30</td><td>1.40</td><td>1.30</td><td>8.40</td></tr>
<tr><td>2005</td><td>-6.90</td><td>0.20</td><td>-0.80</td><td>-1.60</td><td>0.00</td><td>1.20</td><td>-2.10</td><td>-0.20</td><td>-0.30</td><td>0.50</td><td>7.00</td><td>1.30</td><td>-2.10</td></tr>
<tr><td>2004</td><td>1.30</td><td>7.50</td><td>1.70</td><td>-3.90</td><td>-1.90</td><td>-1.80</td><td>-2.10</td><td>-4.80</td><td>0.70</td><td>3.90</td><td>5.00</td><td>9.40</td><td>6.30</td></tr>
<tr><td>2003</td><td>9.50</td><td>4.80</td><td>-6.40</td><td>0.40</td><td>6.50</td><td>-4.00</td><td>-2.30</td><td>0.30</td><td>-3.10</td><td>6.00</td><td>-0.30</td><td>8.80</td><td>20.80</td></tr>
<tr><td>2002</td><td>-0.40</td><td>-3.80</td><td>-0.10</td><td>0.40</td><td>5.30</td><td>11.70</td><td>2.00</td><td>0.80</td><td>5.90</td><td>-4.30</td><td>-5.70</td><td>3.00</td><td>21.10</td></tr>
<tr><td>2001</td><td>-0.30</td><td>3.70</td><td>7.60</td><td>-5.40</td><td>3.30</td><td>-0.60</td><td>-2.50</td><td>2.80</td><td>8.00</td><td>6.40</td><td>-10.60</td><td>7.80</td><td>14.60</td></tr>
<tr><td>2000</td><td>4.40</td><td>-3.20</td><td>-1.00</td><td>-4.40</td><td>-1.00</td><td>-0.10</td><td>0.70</td><td>3.90</td><td>-1.60</td><td>1.70</td><td>5.80</td><td>-2.10</td><td>12.90</td></tr>
<tr><td>1999</td><td>-0.40</td><td>5.70</td><td>-1.10</td><td>4.20</td><td>-0.80</td><td>2.80</td><td>-1.70</td><td>0.20</td><td>0.50</td><td>-4.00</td><td>5.10</td><td>2.90</td><td>8.10</td></tr>
<tr><td>1998</td><td>1.50</td><td>3.50</td><td>2.80</td><td>1.70</td><td>2.60</td><td>3.30</td><td>-0.50</td><td>8.80</td><td>3.50</td><td>-1.30</td><td>-5.00</td><td>2.60</td><td>26.10</td></tr>
<tr><td>1997</td><td>5.20</td><td>8.90</td><td>1.60</td><td>-0.30</td><td>4.50</td><td>-0.30</td><td>6.40</td><td>-3.10</td><td>-1.30</td><td>-1.10</td><td>1.90</td><td>3.00</td><td>23.70</td></tr>
<tr><td>1996</td><td>0.50</td><td>-5.80</td><td>4.50</td><td>9.30</td><td>0.10</td><td>-0.60</td><td>-0.70</td><td>-0.50</td><td>1.10</td><td>6.80</td><td>1.20</td><td>3.00</td><td>19.80</td></tr>
</table>

(%)

资料来源：www.sunrisecapital.com。

战术投资管理公司

（%）

	1月	2月	3月	4月	5月	6月	7月	8月	9月	10月	11月	12月	全年
2010	-1.63	-3.23	4.88	2.26	-2.40	3.24	-0.54	-3.65	19.98	18.27	9.23	10.55	68.90
2009	0.30	-1.12	-8.39	-2.65	15.67	-3.40	5.33	10.29	-1.99	-1.49	10.46	-1.98	20.00
2008	8.09	21.39	-7.18	0.14	2.05	6.78	-12.30	-1.64	-1.15	26.62	1.38	1.98	48.35
2007	-6.33	-1.68	-7.15	8.58	-0.61	6.76	-1.66	-10.49	26.03	3.69	-7.52	1.91	6.84
2006	16.31	-6.10	6.94	15.83	1.00	-2.61	-10.06	4.52	-4.15	-0.28	8.02	-3.79	24.26
2005	-4.20	1.12	-3.78	-3.03	4.16	-0.47	-3.80	6.90	0.71	-4.01	9.14	5.22	6.98
2004	4.51	14.38	1.44	-18.94	-7.83	-7.31	6.49	-3.17	5.98	4.00	12.75	0.39	8.04
2003	10.47	9.08	-7.41	4.31	6.11	-6.42	-7.00	0.34	1.71	12.69	-2.04	6.75	29.26
2002	-5.52	0.90	-0.43	-3.55	9.82	9.78	3.65	4.48	3.59	-3.01	2.27	9.58	34.58
2001	-1.79	2.46	13.89	-7.74	3.04	3.61	-3.37	1.99	5.29	8.13	-9.62	1.55	16.26
2000	3.82	-0.18	-4.05	1.34	8.37	-3.59	-1.20	3.46	-1.01	4.57	9.67	8.64	32.74
1999	-12.38	1.98	-8.81	4.56	-9.82	-1.91	0.93	2.77	5.24	-14.95	2.85	3.21	-25.74
1998	-1.63	-4.06	-2.24	-4.47	3.80	5.11	-0.97	18.34	-1.82	-1.94	-6.00	11.03	13.23
1997	10.50	9.17	-1.09	-5.72	8.00	-11.57	14.29	4.03	4.68	-2.06	0.08	5.10	37.75
1996	-8.81	-4.21	4.85	32.24	-7.49	2.68	-8.39	4.68	9.63	10.13	9.17	-6.43	36.07
1995	-7.78	2.33	16.84	6.61	12.27	2.46	-8.18	-5.91	-3.06	2.17	6.47	34.82	66.06

（续表）

（%）

	1月	2月	3月	4月	5月	6月	7月	8月	9月	10月	11月	12月	全年
1994	-14.33	-14.53	-0.68	0.16	10.39	0.82	-5.71	-8.34	4.15	3.82	16.43	2.94	-9.20
1993	0.87	15.21	-7.68	-0.10	6.00	6.20	17.40	5.75	-6.69	-4.53	5.75	4.93	48.08
1992	-6.55	-10.29	-1.80	12.15	-2.29	17.82	17.05	7.17	-0.22	-5.10	2.98	-6.34	21.78
1991	-19.09	-4.71	4.69	-6.51	-5.08	8.29	-5.96	-10.11	4.25	2.62	-1.95	27.58	-12.26
1990	6.01	7.62	7.67	9.56	-9.23	5.49	16.26	10.78	18.20	3.52	1.29	-4.49	96.46
1989	1.30	-9.37	3.74	-10.69	20.27	-11.22	3.85	-11.94	-1.46	-26.02	3.81	11.39	-29.98
1988	-4.58	4.97	-11.75	-21.37	22.55	71.56	-10.03	3.71	1.50	-3.14	5.68	5.06	48.83
1987	-0.65	-5.08	-0.72	63.28	9.50	-6.93	10.98	-10.46	0.75	-13.38	13.89	12.05	72.39
1986	1.93	33.74	0.23	-11.98	-4.52	-15.24	4.03	2.49	-19.08	-19.45	-6.30	8.19	-31.43
1985	-1.39	-2.95	1.10	-1.44	-1.81	-7.37	28.33	2.76	-11.68	14.37	-0.81	-6.61	7.03
1984	-3.47	-8.69	-0.79	-4.05	12.41	-1.71	16.59	-4.68	2.62	-4.94	-3.87	3.81	0.30
1983	5.13	2.06	-6.92	-0.84	18.65	-18.61	6.02	30.98	-7.11	5.73	-11.36	3.23	19.34
1982	7.51	4.74	7.36	-0.34	1.47	5.74	-3.73	17.39	14.70	-8.39	-4.44	-11.16	30.32
1981							-2.63	8.22	-2.06	-4.20	15.00	2.42	16.46

资料来源：www.tacticalnet.com。

186

温顿资本管理

（%）

	1月	2月	3月	4月	5月	6月	7月	8月	9月	10月	11月	12月	全年
2010	-2.64	2.33	4.91	1.75	-1.01	1.47	-2.78	4.78	0.94	2.51	-2.01	3.75	14.47
2009	0.99	-0.21	-1.64	-3.01	-2.03	-1.26	-1.52	0.32	2.85	-1.59	5.12	-2.45	-4.64
2008	3.85	7.95	-0.66	-0.99	1.99	5.06	-4.63	-3.00	-0.41	3.73	4.97	2.10	21.01
2007	3.86	-5.93	-3.95	6.46	5.05	1.91	-1.18	-0.88	6.99	2.52	2.42	0.24	17.97
2006	4.20	-2.58	4.01	5.66	-2.94	-1.17	-0.47	4.54	-1.10	1.48	3.24	2.14	17.84
2005	-5.38	6.58	4.64	-4.21	6.62	3.13	-1.85	7.63	-6.17	-2.95	7.32	-4.37	9.73
2004	2.72	11.56	-0.80	-8.62	0.28	-2.96	1.33	3.09	5.14	4.03	6.37	-0.19	22.62
2003	5.95	11.95	-10.80	2.45	10.19	-5.20	-0.68	0.62	0.26	4.72	-2.48	10.27	27.76
2002	-10.13	-6.04	12.62	-3.76	-3.96	7.95	4.71	6.04	7.63	-7.96	-0.69	14.16	18.33
2001	4.38	0.56	7.09	-5.31	-2.61	-2.66	0.66	0.56	4.64	13.75	-7.10	-5.15	7.12
2000	-3.96	1.72	-3.28	2.06	-0.26	-1.27	-4.58	3.23	-7.76	2.09	7.33	16.81	10.43
1999	-1.38	3.61	-3.98	10.51	-8.39	5.29	-2.01	-3.47	-0.17	-6.20	13.93	9.04	15.08
1998	1.50	3.27	7.38	-1.63	8.53	2.97	1.51	10.99	4.51	-5.70	1.15	9.50	52.17
1997										-12.97	9.96	8.14	3.49

资料来源：www.iasg.com/groups/group/winton-capital-management/program/diversified。

关键术语表

布林线 由围绕市场价格绘制的三条轨道线组成，是一种技术分析工具。中轨道线测量的是中期趋势，通常为一根移动平均线，是上、下轨道线的基础。价格波动，通常是用于求出平均价格的相同数据的标准差，决定了上、下轨道线和中轨道线之间的间隔。

通道突破 表述布林线的另一个术语，或者说类似于布林线。

美国商品期货交易委员会 最早成立于 1974 年，美国联邦政府负责期货交易的监管机构。

商品交易顾问 直接或间接向他人有偿提供期货合约买卖的个人或组织。必须在美国商品期货交易委员会或美国全国期货协会注册。

复利　根据本金计算的利息，加上新产生利息的累计利息所得。

披露文件　商品交易顾问在发展客户时必须提供的文件。这类文件通常包括披露声明、业绩记录、行业背景、信息交易方法以及顾问协议文件。

跌幅　测量账户从高位跌至低位所持续的时间和亏损的金额。另见"高位到低位"。

有效市场假说　有效市场假说认为投资者或交易者了解一切可用的信息，因此，他们的决策是理性的。趋势交易者的观点正好相反。

交易型开放式指数基金 (ETF)　一种在证券交易所进行交易的基金，不同于股票。包括股票、债券、期货和货币等投资产品，运用多种交易策略。很多 ETF 都在试图效仿期货合约。

套期保值者　通过持有某一市场的头寸来抵消持有相反头寸所带来的风险的人。

肥尾　在投资组合收益的正态分布中，钟形曲线的末端。该术语用于描述正态分布的偏差。趋势跟踪交易常常通过捕捉极端或无法预见的事件，即肥尾来获胜，又被称为"百年一遇的洪水"。

机械交易　利用计算机技术自动发出买卖信号的交易方法。趋势跟踪通常以机械交易的方式完成。

基本面分析　一种市场分析方法。该方法试图通过研究可能影响供求关系的所有因素预测市场走向。包括对美联储、农作物报告、石油输出国组织和市盈率等信息进行分析。

期货（或期货合约）以预定价格买卖某种特定金融工具的协议。对标的质量和数量进行了详细规定。是标准化合约，在期货交易所进行交易。

管理账户　账户所有人将账户买卖的书面代理权授予商品交易顾问，商品交易顾问进行买卖时可不经过账户所有人的事先同意。又叫做代客投资账户。

货币经理　负责将资产配置给商品交易顾问，并代表投资者对资产配置进行管理的个人或组织。一般以商品交易顾问或商品基金经理的身份在美国商品期货交易委员会注册，或作为美国证券交易委员会的注册投资顾问。

移动平均　对特定时间段内的市场价格取平均值的分析工具。

高位到低位　测量某一账户从历史高位跌至历史低位的幅度。通常在每月的月末进行测量。

技术分析　观察价格变动模式、变化速度，以及交易量和持仓量的市场分析方法。该方法不涉及基本面市场因素的使用。趋势跟踪就是一种技术分析法。

投机者 投机者接受期货市场中的风险，旨在从套期保值者尽力避免的价格波动中获利。趋势交易者也是投机者。

标准差 用于测量市场波动性的统计学测度。由于标准差对上行波动不利，因此，无法准确对趋势跟踪进行量化。

收益率 在一项投资中，赚到或亏掉的资金在所投入资金中所占的百分比。

业绩记录 一名交易员的所有业绩历史记录。

交易系统 针对某种交易策略生成买卖信号的系统。趋势跟踪以大多数成功的交易系统为基础。

趋势 价格上行或下行的总体方向，价格会因趋势而发生波动。

粗木锯 描述市场价格走势突然掉头向反方向运动的情况。

"iHappy 投资者" 系列图书专家委员会名单

(排名不分先后)

英大证券首席经济学家 **李大霄**

深圳东方港湾投资管理股份有限公司董事长 **但　斌**

《中国证券报》金牛基金周刊副主编 **杨　光**

高樟资本创始人、CEO **范卫锋**

《新金融观察》报副主编、《新领军者》杂志主编 **刘宏伟**

牛熊交易室创始人、CEO 兼首席研究员 **艾经纬**

《理财》杂志社社长兼总编 **解鹏里**

《理财》杂志执行总编 **王再峰**

《金钱与命运》作者、中国著名个人理财专家 **毛丹平**

中阅资本创始人、银河证券原首席策略分析师 **孙建波**

新浪财经博客点击过 10 亿、中国十大财经自媒体 **凯恩斯**

和讯网总编辑 **王正鹏**

价值中国新经济智库 CEO **林永青**

深圳市前海金融创新促进会秘书长、《新金融》杂志总编 **徐景权**

香港新经济研究院副院长、宝新金融首席经济学家 **郑磊博士**

深圳久久益资产管理有限公司董事总经理 **宋三江**

新浪博客点击量第一、知名财经博主 **徐小明**

上海天钧资产管理合伙人 **刘乃达**

知名财富管理专家、财经评论员 **周　昊**

财女峰问主理人、财富管理与高净值人群研究员 **姜　峰**

海派阅读 GRAND CHINA ✕ READING YOUR LIFE

人与知识的美好链接

20 年来，中资海派陪伴数百万读者在阅读中收获更好的事业、更多的财富、更美满的生活和更和谐的人际关系，拓展读者的视界，见证读者的成长和进步。

现在，我们可以通过电子书（微信读书、掌阅、今日头条、得到、当当云阅读、Kindle 等平台）、有声书（喜马拉雅等平台）、视频解读和线上线下读书会等更多方式，满足不同场景的读者体验。

微信扫一扫

🔍 海 派 阅 读

关注微信公众号"**海派阅读**"，随时了解更多更全的图书及活动资讯，获取更多优惠惊喜。读者们还可以把阅读需求和建议告诉我们，认识更多志同道合的书友。让派酱陪伴读者们一起成长。

也可以通过以下方式与我们取得联系：

📱 采购热线：18926056206 / 18926056062　　📞 服务热线：0755-25970306

✉ 投稿请至：szmiss@126.com　　🌐 新浪微博：中资海派图书

更 多 精 彩 请 访 问 中 资 海 派 官 网　　(www.hpbook.com.cn ›)